JOHANNES SCHLEICHER

Mitmensch Gott

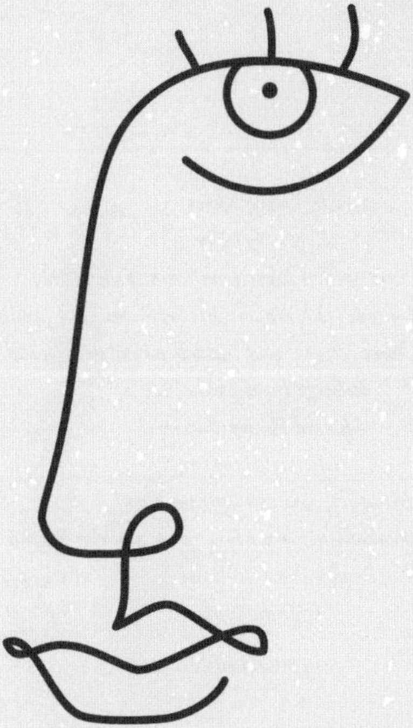

JOHANNES SCHLEICHER

Mitmensch Gott

Mystische Spiritualität für heute

Vier-Türme-Verlag

Für

Dr. Georg Beirer
Kristin Schäfer
Rebekka und Steffen Küderle mit Emily und Mia
Elisabeth und Alfons (†) Humpert mit Sebastian und Jamila
Sarah Biotti, Neve Vergeat und Mitarbeitende der Spezialseelsorge Basel Stadt
Monika Hungerbühler
Michael Bangert
Mitarbeitende von OffLine Basel
Mitglieder des ökumenischen Morgengebets in der Pfarrei Bruder Klaus in Basel
Claudio Ettl

in Dankbarkeit

Inhalt

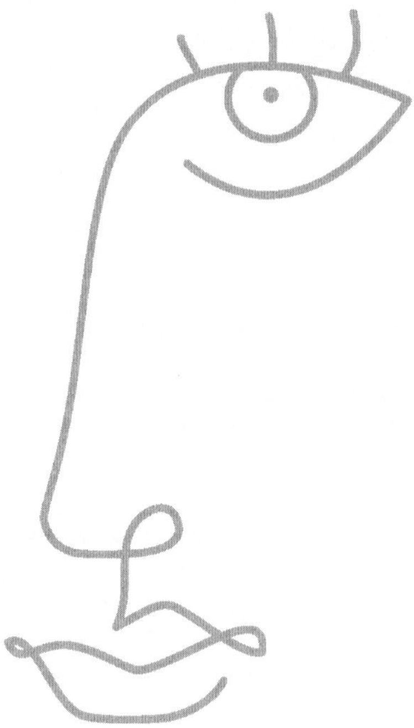

Formen statt Formeln – Wie Mystik meine Spiritualität veränderte

Fast vierzig Jahre lang war ich als Diplomtheologe in verschiedenen Ländern und an verschiedenen Stellen im kirchlichen Dienst tätig. Ich habe vielfältige und sehr unterschiedliche Erfahrungen gemacht, aber eine fand sich (leider) in allen Zusammenhängen wieder: Es ging zuallermeist um Strukturen, nicht um Spiritualität. Das hat mich verwundert und oft auch gestört, denn für mich war und ist Spiritualität die Grundlage aller Strukturen. »Spiritualität« ist allerdings ein heute viel genutzter und daher auch manchmal abgenutzter Begriff.

Ich habe mir verschiedene spirituelle Konzepte und Schulen angeschaut und mich am Ende für die mystische Spiritualität entschieden, denn sie macht – recht verstanden – Menschen selbstbewusst und mündig, da sie uns zusagt, dass Gott in uns allen wohnt und im Alltag erfahrbar ist. Dies zu belegen und auszuführen ist ein Ziel dieses Buches.

Dabei werde ich im ersten Teil vom Ersten und Zweiten Testament ausgehen und hieraus einige exemplarisch mystische Themen benennen und erklären. Im zweiten Teil möchte ich dies mit Blick auf einige für mich wichtige MystikerInnen ausführen und vertiefen.

Was bedeutet das Wort »Mystik«?

Im griechischen Wort *myein* findet sich der Hauptwortstamm, der übersetzt so viel heißt wie: »Lippen zusammenpressen, Augen schließen«. Es geht um ein Schauen nach innen, in die eigene Tiefe. Mystik ist also nicht – wie man ihr immer wieder vorwirft – Schwärmerei und Weltflucht, sondern meint im Gegenteil: »Wer in sich selbst eintaucht, taucht beim Nächsten wieder auf«, wie der Straßburger und Konstanzer Mystiker Johannes Tauler sagt. Man taucht auch in einer anderen Haltung wieder auf und spürt die tiefere Verbundenheit mit allem – den Mitmenschen, den Tieren, der Umwelt, der Mitwelt. Wir leben nicht mehr nur *auf* der Erde, sondern *mit* der Erde. Der Klimawandel zum Beispiel lehrt uns das immer wieder eindrücklich.

Im Wort »Mystik« steckt auch das Wort *Mysterium* = »Geheimnis«: Wer sich nicht mit Ungerechtigkeit, Krieg und Oberflächlichkeit zufrieden gibt, begegnet dem Leben als einem Geheimnis im Sinn des großen Theologen des 20. Jahrhunderts, Karl Rahner, der sagt: »Geheimnis bedeutet, wir haben Heimlichkeiten miteinander, haben es ›heimelig‹ miteinander und mit Gott.« Wenn wir beieinander daheim sind, leben wir achtsam. Karl Rahner meint: »Bei Gott ist vieles heimlich, aber nichts unheimlich« – das ist für mich wahre Mystik!

Was man genau unter Mystik versteht, ist jedoch nicht wirklich definiert beziehungsweise betrachtet jeder, der sich damit beschäftigt, aus einem etwas anderen Blickwinkel. Daher möchte ich hier einige Deutungen darlegen, die ich in den fünf Jahren der Zusammenarbeit mit Pierre Stutz im Offenen Kloster Abbaye de Fontaine-André in Neuchâtel kennenlernte und die er in seinem Buch »Geborgen und frei« vorstellt: Für Bernard McGinn, der ein vierbändiges Grundlagenwerk zur Mystik verfasst hat, ist Mystik das Bewusstsein der göttlichen Gegenwart im Alltag, die sich in Liebe und Erkenntnis ereignet. Der Jesuit Josef Sudbrack betont dagegen den Begegnungs- und Beziehungscharakter der christlichen Mystik. Er lehnt sich in seiner Deutung an Martin Buber und seinen berühmten Satz: »Alles wirkliche Leben ist Begegnung« an beziehungsweise an die Aussage: »Jedes Ich wird Ich nur am Du.«

Die 2003 verstorbene evangelische Theologin und Mystikerin Dorothee Sölle sieht Mystik als eine antiautoritäre Religion, in der aus dem befehlenden »Herrgott« der Geliebte wird und aus dem »späteren Jenseits« das »Jetzt und heute«. Walter Nigg, Professor für Kirchengeschichte, schreibt, dass »Mystik das Heimweh der Seele« ist. Mystik macht bewusst, dass Gott mit uns lebt, immer und überall. Die Islamkennerin Annemarie Schimmel beschreibt Mystik als das Streben, zum Ursprung zurückzugehen. In diesem Ursprung liegt Gott und aus ihm entsteht alles. Für den jüdischen Mystiker Gershom Sholem ist Mystik Religion in ihrer innersten und tiefsten Form. Die Philosophin Saskia Wendel beschreibt Mystik als Einigung mit Gott, die sich in der Tiefe der menschlichen Seele vollzieht. Um das bewusstzumachen, braucht es Selbsterkenntnis und auch dauernde Selbstreflexion. Mariano Delgado, Kirchenhistoriker an der Uni Fribourg, und der deutsche katholische Theologe Gotthard Fuchs haben zusammen ein dreibändiges Werk verfasst: »Die Kirchenkritik der Mystiker«. Für sie ist Mystik die reflektierte Erfahrung der Gegenwart Gottes im Alltag. Eine Stimme aus dem Buddhismus ist Thich Nhat Hanh, Mönch und Friedensaktivist. Er sagt: »Unsere wahre Heimat ist im Hier und Jetzt, der gegenwärtige Augenblick.« BuddhistInnen wie ChristInnen wissen, dass das Himmelreich beziehungsweise das Nirwana in ihren Herzen zu finden ist.

Warum ausgerechnet mystische Spiritualität?

Vor etwa fünfundzwanzig Jahren habe ich eine Weiterbildung mit Dr. Georg Beirer aus Bischberg gemacht und dabei zum ersten Mal die Mystik entdeckt. In meinem Empfinden war es für mich ein absoluter Glücksfall, diesem Ethiker und Psychotherapeuten begegnet zu sein. Von ihm lernte ich, dass Mystik eine Lebenshaltung ist, keine dogmatische Richtung. Die Mystik hat mich von engen, formelhaft-moralischen Vorstellungen befreit. Denn bis dahin erlebte ich allzu oft in der Kirche und religiösen Kreisen eine Flucht in fromme Floskeln, um sich den drängenden Fragen nicht stellen zu müssen, eine Flucht in dogmatische Formeln, um nötigen Veränderungen auszuweichen, oder eine Flucht in Allerweltsantworten wie »Weil es schon immer so war«, um nicht zugeben zu müssen, dass man die Suche nach neuen Antworten längst aufgegeben hat – wenn man denn überhaupt je auf der Suche danach war. Religion wurde ein Mittel, um vor der eigenen Leere in eine Scheinwelt zu flüchten. Im Lauf der Kirchengeschichte wurde aus dem Glauben ein kirchlich verwaltetes System, und dabei vergaß man, dass der Glaube eigentlich ein Beziehungsgeschehen ist. Das Christentum ist jedoch ein Lebensstil und keine Dogmensammlung oder moralische Anstalt.

Die mystische Spiritualität hat mich herausgefordert, den angelernten Glauben, die Floskeln und Formeln kritisch zu hinterfragen und Formen zu finden, die meinem Leben Sinn geben, vor allem angesichts von Leid und Tod in der Welt. Inzwischen ist die mystische Spiritualität meine Lebenshaltung, mein spiritueller »way of life« geworden, da sie mir einsichtig macht, dass alles miteinander zusammenhängt: die Natur, der Mensch, das All. Mit der evangelischen Theologin Dorothee Sölle und dem Benediktinermönch Bruder David Steindl-Rast bin ich mir sicher, dass wir alle MystikerInnen sind, wenn wir nicht immer auf die großen Wunder warten, sondern zu dem werden, was wir schon längst sind und das sich uns im Selbstwerdungsprozess in der Schöpfung und im fairen Gestalten von Beziehungen aller Art zeigt. So suchte und fand ich die lebensbejahende Dimension des Christentums und anderer Religionen in der Mystik, denn sie ist interreligiös.

Als junger Erwachsener hat mich Frère Roger von Taizé aus den damals engen Grenzen des Glaubens befreit und mich geprägt mit seinen Worten: »Lebe, was du vom Evangelium begriffen hast, und sei es auch noch so wenig, aber lebe es!« Ein zweites Wort von Frère Roger ist mir in ähnlicher Weise wichtig geworden: »Du bist geliebt vor aller Leistung, weil du bist, wie du bist, nicht, weil du etwas leistest.« Damals entdeckte ich zudem die Bibel und insbesondere die Psalmen als Bücher, in denen alle Gefühle betend vertieft werden können, auch und gerade in den Fluch- und Klagepsalmen. Der Gipfel war und ist für mich die heilende und befreiende Botschaft Jesu, sein Umgang mit Außenseitern, seine zärtlichen Gesten, sein radikaler Einsatz für die Menschen, für die Schöpfung. Das hat mich bis heute nicht mehr losgelassen. Seine Botschaft trägt mich im Alltag. Ein Text aus dem Ersten und einer aus dem Zweiten Testament sind dabei für mich lebensprägend geworden: »Liebe will ich, nicht Opfer« (Hosea 6,6) – ergänzt durch die Einsicht der Mystikerin Teresa von Ávila: »Wo die Liebe aufhört, fängt das Opfer an«. Und: »Der Sabbat ist um des Menschen willen da, nicht der Mensch um des Sabbats willen« (Markus 2,27). Oder wie es der Autokonzern Toyota heute formuliert: »Erst der Mensch, dann die Maschine«. Für mich stehen Strukturen im Dienst der Menschen und nicht umgekehrt. Das hat meine Art des Arbeitens und meinen Umgang mit Menschen nachhaltig geprägt.

In der Auseinandersetzung mit den vielen Facetten der Mystik habe ich mit der Zeit meine eigene Haltung dazu gefunden: Mystik ist für mich Leben in dem Bewusstsein, dass Gott in den Herzen aller Menschen lebt, und zwar im konkreten Alltag. So ist für Gott und den Glauben nichts zu banal, und es braucht erst recht keine Sonderwelt der Religion dafür.

Die Herausforderung, die die Mystik meines Erachtens für uns heute bereithält, ist, dass ich als Mensch möglichst bewusst lebe, denn es geht ja um mich, um jeden Einzelnen als von Gott geliebte Person.

Das Verdrängen ist so gesehen für mystisch denkende und fühlende Menschen nicht mehr nötig. Zusammenfassend geht es also um direkte, gelebte Nachfolge, nicht um Hierarchien oder Glaubensaussagen. Das wird in den Biografien und den Texten von MystikerInnen deutlich. Sie haben gelebt, was sie von der Botschaft Jesu verstanden haben und es durch ihr Leben verkündet.

Mystik bedeutet für mich die Möglichkeit, mich nicht allzu sehr an den verfassten Kirchen, ihren Strukturen und Ordnungen zu stoßen und darauf zu warten, dass sich »von oben« etwas tut und verändert, sondern die Veränderung, die ich mir wünsche für diese Welt, einfach im Alltag zu leben. Das hat mich beileibe nicht immer beliebt gemacht – aber im Großen und Ganzen ziemlich glücklich!

Noch ein Wort zur Sprache dieses Buches: Ich habe lange überlegt, es gendergerecht zu formulieren, denn die Gleichberechtigung der Geschlechter ist für mich ein wichtiges und noch lange nicht erreichtes Ziel. Wenn ich aber inklusiv schreibe, muss der / die Lesende sich ständig Gedanken darüber machen, ob die Person, um die es geht, nun männlich oder weiblich oder divers ist. Die eigentliche Sache, um die es im Text geht, rutscht so in die Bedeutungslosigkeit. Das möchte ich nicht. Ich denke, wer im Herzen ein Macho ist, wird unbelehrbar bleiben, daran ändert auch Sprache nichts. Deshalb schreibe ich, »wie mir der Schnabel gewachsen ist«, und meine selbstverständlich immer alle Geschlechter gleichberechtigt mit (siehe unten bei Exodus / 2 Mose 3, der Erzählung vom brennenden Dornbusch).

Ich bedanke mich sehr bei meiner Lektorin Marlene Fritsch für freundschaftliche, kompetente und kritische Begleitung, die sowohl das Buch als auch mich persönlich sehr bereichert hat, und Dr. Matthias E. Gahr vom Vier-Türme-Verlag, der sich ebenfalls sehr für das Projekt eingesetzt hat. Ohne sie wäre dieses Buch nicht zustande gekommen. Dankbar bin ich auch meiner Partnerin Kristin Schäfer für den Titel und die viele Geduld während des Entstehungsprozesses.

Last not least sei auch Ihnen, den Leserinnen und Lesern, gedankt. Wenn Sie ganz persönlich wieder oder neu Zugang zu mystischer Spiritualität finden, dann hat sich unser aller Arbeit mehr als gelohnt.

Nürnberg, im Frühjahr 2022
Johannes Schleicher

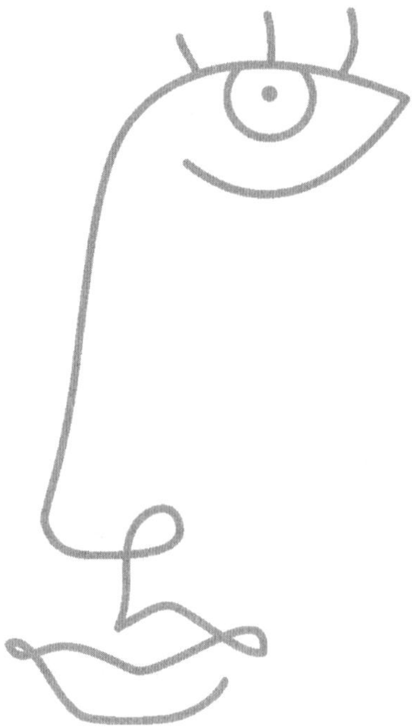

Mystische Spiritualität in der Bibel

Ist die Bibel ein mystisches Buch? So pauschal gefragt, lautet meine Antwort zuerst einmal: Nein. Denn die Bibel ist nicht *ein* Buch, es sind viele Bücher, genauer gesagt, im Ersten Testament 39 und im Zweiten Testament 27. Hinzu kommt, dass es sich meistens nicht um einheitliche Werke handelt, sondern darin verschiedene Erzähl- und Überlieferungsstränge einen Platz haben. Mystische Elemente lassen sich in der Bibel aber in jedem Fall finden, sagt doch sogar das Zweite Vatikanische Konzil: »In der Heiligen Schrift kommt ja der Vater ... seinen Kindern in Liebe entgegen und nimmt mit ihnen das Gespräch auf«. Im Gottesdienst wird die Bibel sogar als »Wort des lebendigen Gottes« verkündet. Und immerhin ist sie für den ganzen christlichen Glauben und für alle christlichen Kirchen die *norma normans non normata*, also die Norm, die alle anderen Normen bestimmt und an der alle anderen Normen in der Kirche gemessen werden. In den biblischen Büchern gibt es fraglos viele Stellen (Perikopen), die man einer mystischen Spiritualität zuordnen kann, mehr noch, die vielleicht sogar die Fundamente jeglicher mystischen Spiritualität sind und später von berühmten MystikerInnen rezipiert und ausgelegt wurden. Auf diese Bibelstellen möchte ich mich im Folgenden – nach Themen geordnet – stützen und versuchen, sie für eine alltagstaugliche Spiritualität fruchtbar zu machen.

Ein Tipp zum Weiterlesen: Sie haben es leichter, wenn Sie für die nächsten Abschnitte eine Bibel neben sich legen, dann können Sie die genannten Stellen aufschlagen und mitlesen. Oder Sie öffnen im Internet die Seite *www.bibleserver.com*, dann haben Sie direkt Zugriff auf viele verschiedene Bibelübersetzungen.

Mystische Spuren im Ersten (Alten) Testament

Bevor ich mich dem eigentlichen Thema zuwende, scheint es mir notwendig, einer schlimmen, offenbar unausrottbaren »Falschmeldung« entgegenzutreten, nämlich, dass Gott im Ersten Testament als ein strafender, ja rächender Gott und im Zweiten Testament als ein liebender, ja lieber Gott erscheint. Diese Mär hält sich leider so hartnäckig wie das Unkraut in unserem Garten und taucht immer wieder auf, vor allem, wenn man meint, es sei endgültig ausgerottet. Mir ist gerade im Hinblick auf mystische Spiritualität wichtig festzustellen, dass der Gott Jesu – und das ist der Gott des Ersten Testaments! – nicht ein brutaler Tyrann, sondern ein Gott der Barmherzigkeit ist. Das hebräische Wort für Barmherzigkeit, *rachamim*, bedeutet wörtlich übersetzt »Mutterschoß« und weist damit auf die weibliche, die mütterliche Seite Gottes hin. Der gerechte Gott des Ersten Testaments ist keiner, der zugrunde-, sondern aufrichtet. Umgekehrt hat Gott im Neuen Testament an manchen Stellen durchaus bedrohliche Züge und lässt als Mahnworte erkennen, dass sein Erbarmen und seine Liebe an Grenzen stoßen könnten. Auch hier ist Gott also kein harmloser »Kuschelgott«, der mit seinem Rauschebart im Himmel thront und beständig sagt: »Ist ja gut, ich liebe euch alle.« Mir geht es darum, dass wir vom Gott beider Testamente (es ist ein und derselbe) mit respektvollem Vertrauen sprechen, dass wir die Spannung zwischen dem Gott, der kompromisslos das Böse bekämpft und für die Benachteiligten eintritt, und dem Gott, der in seiner Gnade alle liebt, aushalten und aus ihr unseren Glauben kreativ und vertrauensvoll gestalten. Das beginnt schon bei der Erschaffung des Menschen, beim Menschenbild.

Der Mensch – Abbild Gottes

Viele Menschen werfen heute der Bibel vor, sie ginge grundsätzlich von keinem positiven Menschenbild aus und betone stattdessen ständig dessen Sündhaftigkeit und mache ihn dadurch klein. Wer demgegenüber die erste Schöpfungserzählung in der Bibel liest, wird sofort etwas anderes erfahren: Gleich zu Beginn wird uns zugesagt, dass der Mensch von Gott als sein Bild, sein Abbild, sein Ebenbild, erschaffen wurde (Genesis / 1 Mose 1,26f). Diese Verse sind höchstwahrscheinlich in einer der größten Krisen des Volkes Israel entstanden: dem sogenannten Babylonischen Exil (ca. 587–539 vor Christus). Tausende Menschen hatte man nach der Zerstörung des Tempels von Jerusalem nach Babylon verschleppt oder gleich umgebracht. In dieser trostlosen Situation sagt das Buch Genesis den Menschen eine einmalige Würde zu, nämlich ein »Abbild Gottes« zu sein, und zwar als Frau und als Mann – heute ist zu ergänzen: allen Geschlechtsidentifikationen, die zwischen diesen beiden Polen liegen. Kann der Mensch mehr sein als Gottes Abbild? Noch etwas ist bemerkenswert: Diese Würde der Gottebenbildlichkeit haben alle Menschen. Niemand ist weniger »Bild Gottes« als ein anderer. Kann man dann aus christlicher Sicht sagen, dass auch Angehörige anderer Kulturen und Religionen Abbild Gottes sind? Selbstverständlich ja, und zwar ohne sie zu vereinnahmen.

Immer wieder ist heute die Rede von der Krise des Glaubens, der Kirchen, ja der ganzen Welt. Und oft wird als Ursache auf die Sündhaftigkeit, die Schlechtigkeit der Menschen hingewiesen, dass wir uns »vom Weg Gottes entfernt haben«, dass wir »Gott vergessen haben« und so weiter. Solche Rede ist – wenn ich Genesis 1 zugrunde lege – biblisch nicht begründet, denn Gott hat seine Zusage, dass jeder Mensch sein Ebenbild ist, nie zurückgenommen. Das macht mir gerade in Krisenzeiten Mut, mich darauf zu besinnen. Und aus diesem Mut kann ich mich daranmachen, positiv meinen Alltag zu bestehen, in Solidarität mit allen Menschen guten Willens. Dieses Abbild-Gottes-Sein des Menschen ist gleichsam eine Voraussetzung der mystischen Spiritualität, hebt es ihn doch auf Augenhöhe zu seinem Schöpfer.

Der Name Gottes

Diese unverbrüchlich positive Sicht des Menschen wird verstärkt durch den Namen, den Gott dem Mose offenbart. Ich wurde schon oft erstaunt gefragt, ob Gott denn überhaupt einen Namen habe und wenn ja, warum. Diesbezüglich gibt das zweite Buch der Bibel in einer wunderbaren Geschichte Auskunft (Exodus / 2 Mose 3,1–6.13–15): die Erzählung vom brennenden Dornbusch.

Stellen Sie sich folgende Szene vor: Da kommt jemand in einer Situation seines Lebens, die sich anfühlt wie ein Gang durch die Wüste, an einen ihm fremden Ort und sieht auch noch dazu ein ihm fremdes Naturphänomen. Natürlich interessiert es ihn, was das wohl ist und was er jetzt tun soll. Eine seltsame Stimme spricht zu ihm, er solle die Schuhe ausziehen, denn der Boden sei heilig. Wer sich so etwas denken kann, der mag Mose am Sinai verstehen, als er zu einem Busch kam, der brannte und doch nicht verbrannte. »Zieh deine Schuhe aus, denn der Ort ist heilig«, hört er und gehorcht aufs Wort. Vielleicht hat sich Mose damals überlegt, wer oder was das sein könne, das brennt und doch nicht verbrennt. Für mich heute – tausende Jahre später – gibt es eigentlich nur ein einziges, das brennen und nicht verbrennen kann: wirkliche Liebe! Ob Mose das auch so geahnt hat?

Aber die Geschichte geht noch unerklärlicher weiter: Natürlich will Mose wissen, wer da aus dem Dornbusch zu ihm spricht, und fragt nach seinem Namen. Da passiert es: Die Antwort lautet (so hat man es mir viele Jahre lang erzählt und so habe ich diese Stelle verstanden): »Ich bin, der ich bin!« Leider ist es auch so in der Einheitsübersetzung der Bibel 2016 wiedergegeben. Ganz schön schroff, der Antwortende – und von Liebe keine Spur. Eher arrogant, anmaßend, herrisch: »Ich bin, der ich bin, basta, aus, fertig!« Mir tat Mose leid, wurde er doch von seinem Gott mit diesem Satz buchstäblich abgespeist. Und ich fühlte mich genauso abgespeist mit diesem Satz. Für mich war

Gott zwar souverän, groß und majestätisch, aber eben auch herrisch und unnahbar. »Transzendent« habe ich es genannt und war damals einigermaßen zufrieden. Einigermaßen.

Bis ich dann am Anfang des Theologiestudiums eine Vorlesung über das Alte Testament hörte, in der es um den Namen Gottes ging. So erfuhr ich, dass die Antwort Gottes auf Hebräisch lautet: »Eijä ascher eijä«, wörtlich übersetzt: »Ich bin der ›Ich bin für euch da‹« (= Jahwe). Mir fiel es wie Schuppen von den Augen und ich bin meinem hochverehrten Lehrer Professor Alfons Deissler heute noch dankbar, dass er uns Theologiestudierenden den Gottesnamen so erklärt hat. Ich begann Mose zu verstehen, dass er und das ganze Volk Israel nachfolgend auf diesen »Ich bin für euch da« gesetzt und ihm vertraut haben.

Das veränderte auch mein Gottesbild. Ich begann, einige Kirchenlieder besser zu verstehen, wie zum Beispiel: »Gott ist gegenwärtig« des Mystikers Gerhard Tersteegen. Der Dualismus zwischen der Zeit, dem Leid, dem Tod, der Freude hier auf Erden und dem transzendenten Gott dort im Himmel war aufgehoben. Gott ist hier auf der Erde unter uns Menschen, er begibt sich mitten in unsere Erlebniswelt hinein. Wir können die Welt bei aller Gefährdung und bei allem Elend als befreiende Gegenwart Gottes erfahren. Jeden Tag.

»Ich bin der ›Ich bin für euch da‹« – jedes einzelne Wort hat für mich eine meist neue Bedeutung bekommen:

»Ich«: Gott ist personal, kann »Ich« sagen, ist selbstbewusst, spricht von sich selbst, gebraucht nicht das heute so allgegenwärtige »man«. Das macht ihn mir nahe, nahbar, und gibt mir Mut, auch von mir als »Ich« zu sprechen. Die Vorstellung von Gott als Person kam in unserer abendländischen Kultur erst durch das Judentum und Christentum auf. Für die griechische Philosophie (zum Beispiel Aristoteles) war Gott ein Prinzip, aber keine Person.

»bin«: Es mag auf den ersten Blick banal klingen, aber Gott ist, er existiert, er begegnet als persönliches Gegenüber und – wie wir noch sehen werden – als noch viel mehr. Er ist ein Gott der Gegenwart, ein Gott im Hier und Jetzt, nicht nur der Vergangenheit. Er war nicht nur damals bei seinem Volk, sondern ist genauso bei uns heutigen Menschen. Wenn man sich Gott als Person vorgestellt, die sich um die Menschheit als globale Familie sorgt, gleichwohl aber nicht wie menschliche Väter und Mütter erfahren werden kann, dann kann man sich sehr wohl fragen, ob es ein solches göttliches Wesen wirklich gibt oder ob es ein reines Denkkonstrukt ist. In zahllosen Gottesbeweisen haben Philosophen und Theologen Argumente für die Existenz Gottes zusammengetragen. Für mystische Spiritualität stellt sich die Frage nicht beziehungsweise anders, denn sie geht davon aus, dass Gott erfahren werden kann.

»der«: Hier kommt die Sprache an ihre Grenzen. Wenn ich von Gott als »der« rede und schreibe, lege ich ihn nicht einseitig auf das männliche Geschlecht fest – was leider jahrhundertelang geschehen ist und bis heute noch geschieht. Auch hier bin ich Alfons Deissler mit vielen anderen sehr dankbar, der uns schon 1977 gelehrt hat: Gott ist übergeschlechtlich, wir können über ihn in weiblichen und männlichen Bildern reden. Von ihm angeregt habe ich 1981 meine Diplomarbeit über »Mütterliche Züge im alttestamentlichen Gottesbild« geschrieben, zu einer Zeit, als die feministische Theologie noch in den Kinderschuhen steckte. Wenn ich also von Gott hier als »der« spreche, meine ich selbstverständlich die weibliche Seite mit, ohne sie im Geringsten abzuwerten.

»für«: Dieses Wörtchen ist mir sehr wichtig, sagt es doch aus, dass Gott nicht selig in sich selbst oben im Himmel ruht, sondern ein Gott für Welt und Mensch ist. Wir sind ihm nicht egal. Wir sind auch nicht auf Erden, um Gott nur zu loben und zu preisen, also für ihn da zu sein, im Gegenteil: Gott ist zuerst für uns da. Dank, Lob, aber auch Klage, ja Fluch können dann in einem zweiten Schritt unsere menschliche Antwort sein. Die erste Bewegung geht also von Gott zum Menschen, erst die zweite dann vom Menschen zu Gott.

»euch«: Darin steckt, dass wir mit Gott von Du zu Du sprechen. Nicht die hocherhabene Majestät liegt im Namen Gottes, sondern das vertraute und vertrauliche Du, hier im Plural: euch. Niemand hat folglich einen individualistischen »Nur-Ich-Anspruch« auf Gott, seine Zuwendung gilt allen Menschen, der ganzen Schöpfung.

»da«: Als ob Gott es noch einmal wiederholen wollte – er ist nicht nur bei sich selbst, sondern ganz einfach da. Hier. Heute. Immer. Gott ist da – das steckt wie gesehen schon in seinem Namen. Von Bedingungen ist hier nicht die Rede. Gott ist kein »Wenn-Gott«, er heißt nicht: »Ich bin für euch da, wenn ... ihr glaubt, ihr betet, ihr in die Kirche geht, ihr katholisch seid.« Nein, Gott ist bedingungslos da für uns, die Menschen, die Schöpfung.

Vor allem in den 150 Psalmen des Ersten Testaments, sozusagen dem Gebetbuch Israels, wird immer wieder auf die Anwesenheit Gottes und auch seinen Namen Bezug genommen. Im Unterschied zu den meisten anderen biblischen Texten sprechen in den Psalmen die Menschen direkt zu und mit Gott. Diese Art zu beten war sehr persönlich und ist auch heute noch sehr intim, nicht unbedingt für die Öffentlichkeit gedacht. Umso dankbarer bin ich den PsalmistInnen, dass sie uns in dieser Überlieferung einen Einblick in ihr vielfältiges spirituelles Leben geben, somit in ihre Alltagswirklichkeit und auch in ihr Gottesbild. Sehr oft hat die betende Person im Psalter Jahwe »allzeit vor Augen« (zum Beispiel Psalm 16,8f). Hieraus lese ich zum Ersten, dass Gott immer bei ihr ist und zum Zweiten, dass sie an ihn glaubt. Was ist wohl die Sozialisationsgeschichte dieser Menschen? Wie haben sie glauben »gelernt«, in welchem Alter und von wem? Leider machen die Texte hierzu keine konkreten Aussagen, aber wir können davon ausgehen, dass der Name Gottes eine wichtige Rolle spielte. An »Ich bin für euch da« lohnt es sich zu glauben, da damit eine Grundsehnsucht aller Menschen erfüllt wird: nicht allein zu sein.

Jemanden zu haben, der auch in Zweifeln und Ängsten da ist, zur Rechten steht und hilft, selbst als aufrechter Mensch zu leben, nicht zu wanken. In der Folge sagen viele Betende im Psalter, dass sie sich freuen, und dazu haben sie auch allen Grund. Oft erlebe ich gläubige Menschen als sehr ernst, niedergedrückt ob der Schwere des Lebens. Je nach Situation ist das auch verständlich. Die Grundsituation des gläubigen Menschen ist für mich aber die Freude über die Anwesenheit Gottes mitten in unserem Herzen. Dieses Da-Sein Gottes bleibt und wird uns weiterhin wie ein roter Faden beschäftigen.

Der Gottesname, der hier im zweiten Buch des Ersten Testaments dem Mose offenbart wird, wirft bei mir Fragen auf, wenn ich die heutige kirchliche Praxis anschaue. Warum wird beispielsweise so oft gebetet und gesungen: »Bleibe bei uns« oder »Sei uns nahe«, wenn Gott doch schon immer und längst da ist? Ist diese pure Gegenwart Gottes für den Glauben vieler Menschen einfach zu viel, einfach unglaublich? Fühlen sich viele Menschen für das Dasein Gottes zu klein? Oder ist Gott für sie zu groß? Meister Eckart, der große Mystiker des Mittelalters, stellt fest: »Gott ist immer in uns, nur wir sind selten zu Hause.« Hat es damit etwas zu tun? Oder geht es sogar um Machtausübung der verantwortlichen Kleriker, weil man mit einem Gott, den man »herbeibeten« muss, die Menschen eher kleinhalten kann? Meine Beobachtung ist auch, dass der Gottesname in Katechese und Erwachsenenbildung häufig nicht die zentrale Rolle spielt, die ihm eigentlich zukommt. Ich frage mich, warum das so ist. Werden Gläubige, die wissen und erfahren, dass »Ich bin für euch da« im Alltag immer gegenwärtig ist, zu selbstbewusst, zu wenig abhängig, zum Beispiel für Kirchenleitungen?

Übungen für den Alltag

- *Ich bemühe mich, in Gesprächen die persönliche Form »ich« zu benutzen statt dem unpersönlichen »man«. Das schafft Nähe statt Distanz.*
- *Die Bibel enthält 150 Psalmen – persönliche Gebete aus verschiedenen Jahrhunderten. Ich mache mich immer wieder auf die Suche nach mystischen Spuren in den Psalmen, die mir hilfreich und lebensbejahend erscheinen.*
- *Wenn ich bete, mache ich mir bewusst, dass Jahwe da ist. Ich formuliere nicht flehend: »Komm«, sondern dankbar: »Du bist da, bei mir, in mir«.*

Jahwe ist für die Menschen da

Um für die Menschen da zu sein, braucht es eine Voraussetzung, nämlich dass Gott von sich aus mit den Menschen kommuniziert – auf Augenhöhe! Als ich mich noch nicht mit mystischer Spiritualität beschäftigte, hätte mich dieser Satz nicht nur verwirrt, sondern geradezu abgestoßen. Natürlich kommuniziert Gott mit uns Menschen, aber auf Augenhöhe? Niemals! Gott ist der Große, Erhabene, der König des Himmels und der Erde und wir sind die kleinen Menschen. Davon zeugte zum Beispiel das Motto der Erstkommunion in einem Stadtteil meines damaligen Wohnorts: »Der große Gott kommt zu uns kleinen Menschen«. Mehr und mehr habe ich dieses Gottesbild hinterfragt. Geholfen haben mir dabei die folgenden Bibelstellen aus dem Ersten und dem Zweiten Testament.

Die erste ist die Szene (Exodus / 2 Mose 33,11), in der Jahwe Mose aufträgt, wohin das Volk gehen soll: »in das Land, in dem Milch und Honig fließen«. Mose unterhält sich mit Jahwe im »Offenbarungszelt«, und zwar auf eine Weise, wie ein Mensch mit seinem Freund spricht. In der »Gute Nachricht«-Übersetzung wird das wiedergegeben mit:

»Der Herr sprach mit Mose Auge in Auge wie ein Mensch mit einem anderen.« In der nah am Originaltext bleibenden Übersetzung von Buber-Rosenzweig heißt es gar: »wie ein Mann zu seinem Genossen redet«. Leider ist diese Perikope recht unbekannt, dabei wäre es doch sehr wichtig, dass dieses Gottesbild Verbreitung findet. Jahwe und der Mensch sind wie Bundesgenossen, oder noch klarer formuliert, Mose und Jahwe sind wie zwei gleichberechtigte Menschen: »Mitmensch Gott!«

Die zweite Szene findet sich beim Propheten Ezechiel (1,28–2,5), dem Zeitgenossen Jeremias, ebenfalls einer der »großen Schriftpropheten« (siehe unten). Die Schrift stammt aus dem 6. Jahrhundert vor Christus und wurde im babylonischen Exil verfasst. Der Prophet schaute Jahwe und fiel deshalb auf sein Gesicht, worauf »Ich bin für euch da« ihn, den »Menschensohn«, aufforderte, auf seine Füße zu stehen, da er mit ihm reden wolle. Im Hebräischen bezeichnet der Ausdruck »Menschensohn« den einzelnen Menschen. Weil Ezechiel das Aufstehen offenbar allein nicht schaffte, kam die Geistkraft über ihn und richtete ihn auf. So wichtig ist es für Jahwe, mit seinem Gegenüber stehend, also auf Augenhöhe zu sprechen, dass die Geistkraft ihm sogar beim Aufrichten hilft. Der aufrecht stehende Mensch ist Gott wichtig. Stattdessen heißt es zum Beispiel im »Deutschen Hochamt« von Johann M. Haydn: »Hier liegt vor deiner Majestät im Staub die Christenschar«. Jahwe legt Wert auf einen Partner mit Rückgrat, der selbstbewusst vor ihm steht und auf die Initiative Gottes eingeht.

Die dritte Bibelstelle enthält – in Anlehnung an Exodus 33,11 und Ezechiel 2,5 – den Ruf Jesu an Paulus, aufzustehen, damit er in Dienst genommen werden kann (Apostelgeschichte 26,16ff). Jesus erweist sich mit diesem Anliegen hier als Sohn seines Vaters, indem er den in jeder Hinsicht aufrecht stehenden Paulus als Mensch mit Rückgrat in seinen Dienst nehmen will. Menschen im Dienst Jesu sollen aufrechte, selbstbewusste Menschen sein, die ihm auf Augenhöhe begegnen, das ist sein ausdrücklicher Wille.

Für mich eine verständliche, ja logische Konsequenz aus dem Da-Sein Gottes und seiner Kommunikation auf Augenhöhe mit uns

Menschen sind gewisse »Spielregeln«, die einzuhalten das Zusammenleben ermöglichen beziehungsweise erleichtern. Jahwe überlässt sein Volk nicht sich selbst, das wäre nicht »typisch Gott«. Stattdessen gibt er ihnen die berühmten Zehn Gebote, den sogenannten Dekalog (Exodus / 2 Mose 20,1–17), das »Zehnwort«, denn eigentlich bilden diese zehn Gebote eine Einheit. Auch hier handelt es sich um einen Text, der für mystische Spiritualität von großer Wichtigkeit ist. Wie so oft wird hier in der Einheitsübersetzung der Bibel der Gottesname »Jahwe« mit »Herr« übersetzt und nicht die hebräische Form (Jahwe oder auch JHWH) verwendet. Dies geschieht eigentlich aus Rücksicht auf unsere jüdischen Glaubensbrüder und -schwestern, die aus Verehrung und Achtung gegenüber Gott seinen Namen nicht aussprechen, sondern ihn »Adonai« (»Herr«) nennen. Im Deutschen hat das jedoch den Nachteil, dass die Lesenden damit den »Herrn« assoziieren. Das impliziert nicht nur, dass Gott hier wieder in der eindeutig männlichen Form angesprochen wird, sondern auch als einer, der herrscht, statt »für uns da« ist. Nur die Bibelübersetzung von Buber-Rosenzweig nennt den Namen wörtlich »Ich werde da sein, der ich da sein werde«, später dann: »Ich bin da« (Exodus 3,14). Die Luther-Übersetzung von 2017 und die Übersetzung nach der Züricher Bibel lautet: »Ich werde sein, der ich sein werde«, später dann wieder »Herr«. Die »Gute Nachricht Bibel« übersetzt mit: »Der Ich bin da, der Herr«, die Bibel in gerechter Sprache dagegen mit: »Ich bin da«, später wird vorgeschlagen: »SieEr, die Eine, der Eine, die Heilige, der Heilige, Gott, der Name, Adonaj der Lebendige, die Lebendige, Schechina«.

Mir persönlich ist neben der Übersetzung von Buber-Rosenzweig die Bibel in gerechter Sprache diesbezüglich die liebste, da ich je nach Sinnzusammenhang frei den jeweiligen Begriff auswählen kann, wobei »Ich bin für euch da« für mich die treffendste und sinnvollste Bezeichnung für Gott ist. In vielen Unterrichtsstunden und bei Erwachsenenbildungsabenden habe ich die Teilnehmenden immer wieder gefragt, wie denn der erste Satz der Zehn Gebote laute. Bis auf ein einziges Mal (von einer polnischstämmigen Schülerin, die jetzt in den USA lebt) kam immer die Antwort: »Ich bin der Herr, dein

Gott, du sollst nicht …« Das ist leider nur zum Teil richtig, aber natürlich habe ich die Antwort gut verstanden, hat man uns doch dies in verschiedensten Unterrichtsformen immer wieder so beigebracht, uns Älteren sogar noch im »Beichtspiegel«. Die vollständige Antwort auf die Frage, wie denn der erste Satz des Dekalogs laute, können Sie oben nachlesen, der Wichtigkeit halber wiederhole ich ihn hier nochmals: »Ich bin Jahwe, dein Gott, der dich aus dem Land Ägypten geführt hat, aus dem Sklavenhaus«, und dann erst kommen die Weisungen. Zunächst also stellt sich »Ich bin für euch da« noch einmal mit seinem Namen vor, dann bringt Jahwe dem Volk seine Befreiung aus dem Sklavenhaus Ägyptens in Erinnerung – womit er sozusagen in Vorleistung gegangen ist –, und erst dann, als Antwort, heißt es im hebräischen Text: »Du wirst nicht …«. Mitgedacht ist: »Sonst gehörst du nicht zum befreiten Volk Israel, sonst kannst du nicht als freier Mensch leben.« Denn ein freies Volk hält sich an die vernünftigen »Spielregeln« seines Befreiers, die einzuhalten bestimmt nicht zu viel verlangt ist.

Die Zehn Gebote sind also keine Forderungen eines Willkürgottes, sondern vom Menschenfreund »Ich bin für euch da« geschenkte Regeln für ein Leben in Frieden und Freiheit. So gesehen können sie auch heute ein tragendes spirituelles Fundament bilden, nämlich als Manifest für ein Zusammenleben in Frieden und Freiheit. Ein Beispiel möchte ich für die Aktualität des »Gebots« in Exodus 20,13 nennen: »Du sollst nicht töten«, wörtlich übersetzt: »Du wirst nicht morden«: Papst Franziskus schreibt in seiner Enzyklika *Laudato Si*, dass die Bischöfe von Neuseeland gefragt haben, was das Gebot »Du sollst nicht töten« heute bedeute, wenn zwanzig Prozent der Weltbevölkerung Ressourcen in solchem Maß verbrauchen, dass sie den armen Nationen und den kommenden Generationen das rauben, was diese zum Überleben brauchen. Eine brennende – existenziell spirituelle – Frage in Zeiten der Klimakatastrophe. Auch aufgrund der Zehn Gebote hat Gott nämlich dem Volk ein »Land, fließend von Milch und Honig« versprochen. Ein solches Land ist etwas Alltagstaugliches. Auf ihm und in ihm wird es sich zusammenleben lassen. Jahwe hätte dem Volk auch mystische Gebetserlebnisse und Visionen versprechen können und schauen, was daraus wird – ich denke, es wäre schiefgegangen. Das Land muss bewirtschaftet werden. Das hat mit viel Alltagsarbeit zu tun, selbst wenn es bildlich gesehen von Milch und Honig überfließt. Natürlich muss so ein Land gepflegt, bebaut und behütet werden, damit es weiteren Generationen ebenfalls Milch und Honig geben kann. Konflikte sind vorprogrammiert und werden uns auch überliefert, innere und äußere Feinde lauern. Der Dekalog, vor allem die Zusage der Anwesenheit Jahwes, musste und muss sich im täglichen Leben bewähren, und das durch die Jahrhunderte bis heute.

Zunächst bestand das Leben des Volkes Israel dann aus der »Landnahme«, dem Einzug in das verheißene Land. Von Jahwe aus hatte sein Volk jetzt (fast) alles, was es brauchte. Nun ging es an die Umsetzung im konkreten Alltag – was sich als alles andere als leicht erwies. Auch uns geht es heute ähnlich. Die französische Mystikerin Madeleine Delbrêl hat dies sehr gut verstanden, denn sie fordert uns auf: »Lasst euch von Gott finden in der Armut eines banalen Lebens.« In diesem Leben lässt Gott uns nicht allein und nicht fallen, er schenkt den Seinen Vollmacht und Kraft für den Alltag und ist bei uns auf unserem Lebensweg. Dies sagt er uns unter anderem in Deuteronomium / 5 Mose 31,6ff zu. Bemerkenswert ist: Bevor »Ich bin für euch da« einen Einzelnen bevollmächtigt, spricht er diese Vollmacht dem ganzen Volk zu. Ins Heute übertragen meint das: Zuerst wird das Volk als Ganzes von Gott bevollmächtigt, dann erst ein Einzelner (siehe Josua 1,9). »Ich bin für euch da« ist beim ganzen Volk, nicht nur bei den offiziellen Vertretern, und genau das ist der Grund, warum es sich nicht einschüchtern lassen soll. Weil Jahwe in freier Entscheidung da ist, wo das Volk lebt, kann es seine Angst überwinden, braucht es keine Angst mehr zu haben. Es ist nicht allein! Jahwes Zusage bedeutet nicht, dass alles problemlos verläuft, weil er da ist, oder dass es keine Konflikte und Niederlagen geben wird in seiner Gegenwart. Er macht auch den Mut nicht zur Voraussetzung seines Da-Seins, nach dem Motto: »Sei mal mutig, dann bin ich mit dir, mein Dasein ist Belohnung für deinen Mut«. Genau das Gegenteil ist der Fall: Das Ich-bin-für-euchda-Sein macht Mut und gibt Kraft. Mit einem anderen Bild gesagt: Der Mensch ist in die Hand Gottes geschrieben, wir können nicht aus seiner Hand fallen.

Dieses Da-Sein Gottes beschreiben vor allem die Psalmen und Propheten in verschiedenen eindrücklichen Bildern. Eines der bekanntesten Gebete der ganzen Bibel ist wohl der Psalm 23, in dem Jahwe als Hirte bezeichnet wird. Dieses Bild wurde später auf Jesus übertragen. Wir lesen hier wieder von diesem festen Glauben, dass Jahwe bei uns ist, ohne Wenn und Aber. Nicht nur auf ebenen Wegen, auch »im finsteren Tal«. Das kann man gerne räumlich verstehen und sich eine der tiefen Schluchten im Heiligen Land oder an anderen Orten der Welt vorstellen, in denen vielerlei Gefahren lauern. Für uns heutige Menschen in den Städten Mitteleuropas ist das Bild des Hirten nicht mehr so lebensnah wie in der damaligen Agrargesellschaft, dennoch hat der Psalm seine Bedeutung behalten, wenn auch »finstere Täler« für uns anders aussehen. Es können zum Beispiel die dunklen Zeiten in meinem Leben damit gemeint sein.

Eines erscheint mir noch sehr wichtig: Die Anwesenheit Jahwes ist selbstverständlich, ohne dass dafür gebetet oder gar geopfert werden muss. Er sagt nicht: »Ich bin dein Hirte, wenn du dies oder das tust, wenn du dich so oder so verhältst.« Solches Gebaren ist ihm fremd. Er ist mitten unter den Menschen, und das genügt. Den betenden Personen damals war das bewusst, das haben sie irgendwann gelernt und erfahren. Andererseits ist durch die Anwesenheit Gottes auch nicht alles »Friede, Freude, Eierkuchen«, es gibt finstere Täler, es gibt Feinde. Jahwe macht nur die Zusage, dass er bei uns ist, nicht, dass es kein Leid und keine Not unter den Menschen gibt. Etwas Weiteres ist an dieser Stelle noch bemerkenswert: Natürlich ist auch das Bild vom »guten Hirten« ein Symbol der damaligen Zeit, das man nicht einfach so auf heute oder in der Bildsprache übertragen darf. Wenn Jahwe der Hirte ist, sind wir Menschen nicht automatisch dumme, unmündige Schafe – wobei Schafe alles andere als dumme Tiere sind, wie uns die Zoologie lehrt! Vielmehr gilt: Ein Hirte sollte seine Schafe nicht wie dumme Schafe behandeln. Hauptaufgabe des Hirten ist, seine Herde, die ihm Anvertrauten, zu beschützen und zu behüten, zuverlässig, immer, nicht nur ab und zu, denn Gefahren lauern immer und überall.

Davon spricht auch Psalm 121, vor allem die Verse 7 und 8. Es ist einer der bekanntesten Psalmen, vor allem durch die meisterhafte Vertonung von Felix Mendelssohn Bartholdy: »Hebe deine Augen auf zu den Bergen ...« Man nimmt an, dass das Gebet von den Pilgern auf dem Weg nach Jerusalem gesungen wurde. In unübertroffener Deutlichkeit betont der Beter dieses Wallfahrtsliedes, dass die persönliche Hilfe (»meine Hilfe«) von »Ich bin für euch da« kommt. Jahwe ist hier auch Schöpfergott, er hat »Himmel und Erde erschaffen«. Es wäre geradezu unlogisch, wenn Gott seine Geschöpfe allein und ohne Hilfe ließe. Er ist kein schlafender Gott und er setzt die Betenden nicht der prallen, lebensbedrohlichen Sonne aus. Bei allem, was lebensfeindlich, ja lebenszerstörend ist, zeigt er sich als da-seiender Gott. Aber auch hier ist er nicht einer, der alle Gefahren wegnimmt, auf dass die Welt heil sei. Das merken wir in unserem Alltag. Aber er ist da und er trägt und lebt mit. Jahwe ist ein Gott des Lebens, immer und überall.

Mir ist wichtig zu betonen, dass diese Anwesenheit Gottes ein Dauerzustand ist, den wir nicht herbeirufen oder herbeibeten oder herbeisingen müssen, womit auch immer, zum Beispiel durch Gebetsstürme, Gebetsmarathons, Gebetsnächte, Sühnerosenkränze in verschiedensten Anliegen und so weiter. Wenn alle Lieder oder Gebete, die Jahwe »herbeibeschwören« wollen, aus den entsprechenden Büchern gestrichen würden, wären sie wesentlich dünner und man könnte viele Rohstoffe sparen. Würde man dagegen die Texte – wofür ich plädiere – so umschreiben, dass die Präsenz Gottes herausgehoben und bewusstgemacht wird, dann hätten viele Menschen eine sinnvolle Tätigkeit. Es geht um die bedingungslose und immerwährende Anwesenheit Gottes. Diese gilt – so sagt es das letzte Wort des Psalms 121 – »bis in Ewigkeit«.

Bei dem Wort »Ewigkeit« fällt mir eine Geschichte ein, die mir meine Mutter so oft erzählt hat, dass ich sie heute noch weiß: »Zum Mount Everest kommt alle tausend Jahre ein kleiner Spatz, um dort seinen Schnabel zu wetzen. Wenn dieser kleine Vogel den höchsten Berg der Erde auf null heruntergewetzt hat, dann ist eine Sekunde der Ewigkeit vergangen.« Für mich damals wie heute unvorstellbar. Jahwe ist einfach immer da.

Wie gesehen, beschreiben vor allem die Psalmen in verschiedenen eindrücklichen Bildern das Da-Sein Gottes. Aber auch bei den Propheten gehören Bilder vom Da-Sein Gottes gleichsam zum Alltag. Propheten sind entgegen einem weit verbreiteten Missverständnis nicht Menschen, die die Zukunft vorhersagen. Ein Prophet (von griechisch *prophetes*) ist vielmehr ein Mensch, durch den Gott zu den Menschen spricht und der so Da-Sein für uns Menschen zeigt (= ein berufener Rufer des Wortes Gottes). In einer bestimmten Situation richten die Propheten dem Volk Gottes oder Einzelnen eine Botschaft von Gott aus. Das kann Trost und Ermutigung, aber auch Mahnung oder Gerichtsdrohung sein. Ein Prophet steht vor dem Volk, um ihm die Botschaft Jahwes zu verkünden. Ein wahrer Prophet ist ferner auch jemand, der vor Gott steht, um für das Volk einzutreten. Beides gehört untrennbar zusammen. Wo ein Element fehlt, ist der ganze Prophetendienst infrage gestellt. Wer vor Menschen steht, steht also auch vor Gott. Gott kann dem Propheten zum Beispiel in einem Traum erscheinen und ihm eine Botschaft mitteilen. Diese Botschaft erzählt der Prophet dann Menschen weiter, zum Beispiel einer Glaubensgemeinschaft.

In vielen Religionen kennt man Propheten. Für Muslime spielt zum Beispiel der Prophet Mohammad, der ihnen das Heilige Buch, den Koran, übermittelt hat, eine sehr große Rolle, und auch Jesus als Prophet, der Mohammad im Koran gleichgestellt ist. Gott teilt den gläubigen Menschen mithilfe eines Propheten seine Worte und Weisungen mit. Durch sie nimmt Gott also mit den Gläubigen Kontakt auf.

Im Ersten Testament unterscheiden wir vier »große« Propheten (Jesaja, Jeremia, Ezechiel und Daniel) von den zwölf »kleinen« Propheten (Hosea, Joel, Amos, Obadja, Jona, Micha, Nahum, Habakuk, Zefanja, Haggai, Sacharja und Maleachi). »Groß« und »klein« hat hier nichts mit ihrer Bedeutung zu tun, sondern mit dem Umfang ihrer Botschaft, die uns überliefert ist. Propheten müssen jedoch selbstverständlich nicht ausschließlich Männer sein, auch Frauen sind uns überliefert, zum Beispiel Deborah (Richter 4,4, sie war Nachfolgerin des Mose), die Frau von En Dor (Deuteronomium 18,9f), Hulda (2 Könige 22,14–20), die Prophetin in Jesaja 8,1–4, die von Jesaja schwanger wird, und natürlich Mirjam, die Schwester des Mose (Exodus 15,20–21). Den meisten Bibellesern unbekannt ist Noadja (Esra 8,33 und Nehemia 6,14). Schlussendlich gießt Gott seinen Geist aber auf alle aus, unabhängig vom Geschlecht. So gibt es auch heute noch unzweifelhaft Prophetinnen und Propheten. Der frühere Primas der Anglikanischen Kirche, Rowan Williams, hat zum Beispiel die schwedische Klimaschutzaktivistin Greta Thunberg mit dem biblischen Propheten Jeremia verglichen – für mich ein legitimer Vergleich.

»Fürchte dich nicht, denn ich bin mit dir; hab keine Angst, denn ich bin dein Gott!«, heißt es immer wieder, zum Beispiel auch in Jesaja 41. Dieser Text wurde viel später geschrieben, nämlich in der Zeit, als das Volk Israel sich im babylonischen Exil befand, also fernab der Heimat. Die Israeliten hatten keinen Tempel mehr, in dem sie zu ihrem Gott beten konnten, und waren zahlenmäßig stark dezimiert – viele waren umgebracht worden oder unter der Herrschaft der babylonischen Könige gestorben. Diese Epoche dauerte ungefähr achtzig Jahre, erst dann durften die Israeliten wieder heim in ihr Land. Eine lange Zeit, zumal für die Israeliten überhaupt nicht absehbar war, wann beziehungsweise ob sie überhaupt wieder in ihr Land heimkehren würden. In dieser Zeit zweifelten viele an Gott, am »Ich bin für euch da« – manche sind wohl auch an ihm verzweifelt. Man warf ihm vor, er habe Israel vergessen und es im Stich gelassen, es quasi zu einem gott-losen Volk gemacht. In dieser Situation beginnt das Jesajabuch in Kapitel 40 mit dem wichtigen Satz: »Tröstet mein Volk!« »Trösten« heißt im Hebräischen *nacham* und meint nicht ein unverbindliches Vertrösten oder ein Trostpflästerchen spenden im Sinne von: »Es wird alles wieder gut«, sondern es geht viel tiefer. Gemeint ist ein existenzieller, persönlicher Trost, dass nämlich am Ende eines Prozesses des Mit-Leidens Gottes mit seinem Volk dieser es versteht und so die richtigen Worte findet oder auch schweigt. Ein Kapitel später kommen dann die Verse, die für die »Mystik des Deuterojesaja« so wichtig sind, da sie zeigen, dass Gott durch seinen »berufenen Rufer« bei den Menschen ist und auch ihre Vorwürfe und Ängste ernst nimmt.

Gott hat sein Volk selbst in der Verbannung nicht verworfen, er steht dazu, dass er es erwählt hat, und das bleibt auch so. Das wird in dem zweimaligen zusagenden Ruf: »Fürchte dich nicht« und: »Hab keine Angst« deutlich, da Jahwe zu seinem Namen steht und bei seinem Volk ist. Auch hier lohnt sich ein Blick auf die genaue Bedeutung der hebräischen Begriffe: *al tirah*, »fürchte dich nicht«, meint die allgemeine Angst, sich nicht zu leben trauen, *al tischta*, »hab keine Angst«, bedeutet die konkrete Furcht vor bestimmten Dingen und Situationen. Das deutsche Wort »Angst« geht zurück auf das lateinische Wort *angustiae* und bedeutet so viel wie Enge, Engpass, Bedrängnis, eine missliche Lage. Das lateinische Wort wiederum kommt vom griechischen Verb *anchein*, einschnüren, würgen, quälen. Bei Angst reduziert sich also die Weite der Möglichkeiten auf eine einzige, die bedrohlich ist und vielleicht sogar lebensbedrohlich werden kann, da einem buchstäblich die Luft zum Atmen genommen wird. Beides – Furcht und Angst – darf zwar sein, braucht es aus der Sicht Gottes aber nicht, denn Jahwe bindet sich wie so oft freiwillig an sein Volk, er bezeichnet sich als »dein« Gott. Stärker als mit diesem Possessivpronomen kann der Verfasser es kaum ausdrücken. Gott und sein Volk sind untrennbar miteinander verbunden. Er ist der allezeit Treue, auch, wenn die Zeiten, die Israel durchleben muss, alles andere als leicht, ja aussichtslos sind. Jahwe hilft, trägt sein Volk auf seinem starken Arm. Drei Verben drücken dieses Da-Sein Gottes aus: stark machen, helfen, halten. Mehr geht nicht, obwohl das Volk vielleicht gar nichts davon spürt und wirklich im Elend in der Fremde sitzt. Wenige Kapitel später sagt der Prophet diese Anwesenheit Gottes in Liebe dem Volk noch einmal zu, nämlich in Jesaja 43,1–2.4a.

Für mich sind solche Verse sehr eindrücklich, ja gewaltig, wenn ich bedenke, dass sie etwa 2500 Jahre alt sind und Jahwe hier wie an vielen anderen Stellen darauf hinweist, dass er der Schöpfergott ist, dem wir letztlich alle unser Leben verdanken. Er lässt uns Menschen nicht vereinzelt, sondern macht uns zu einem Volk, eine Gemeinschaft derer, die an ihn glauben, die sich aufeinander stützen und sich auch aufeinander verlassen können. In diese Situation hinein wird der Ruf laut: Hab keine Angst! Denn – und genau auf diese Begründung kommt es mir an – »ich habe dich erlöst«! Vom Menschen aus formuliert: Wir sind erlöst, ein für alle Mal, was auch immer das heißen mag. Bestimmt heißt es jedoch nicht, dass alles immer nur gut ist und konfliktfrei und wir in einer heilen Welt leben. Das erfahren wir Tag für Tag anders, nicht nur, wenn wir in die Medien schauen.

Was heißt es dann? Ich denke hier an eine Litanei, die ich als Kind und Jugendlicher beten musste und das auch klaglos und unreflektiert tat. Als Antwortvers aller hieß es da: »Erlöse uns, o Herr«. Diese Litanei gibt es so offiziell seit dem Zweiten Vatikanischen Konzil nicht mehr, aber der Ruf taucht immer noch auf in den Litaneien. Heute kann ich so nicht mehr beten – und es hat eine lange und mühsame Zeit gedauert, bis ich für mich andere Formen des Gebetes gefunden habe.

»Ich habe dich erlöst« bedeutet für mich heute: Im Verhältnis von Gott zu uns Menschen ist von Gott her alles in Ordnung, wir brauchen keine Angst vor ihm zu haben, nicht hier und jetzt und nicht später im und nach dem Tod. In dieser Gelassenheit kann ich zu Gott beten, immer wieder mein Verhältnis zu ihm reflektieren, einfach angstfrei mit ihm leben. Ich fühle mich hier dem Jesuiten Alfred Delp nahe: »Lasst uns dem Leben trauen, weil wir es nicht allein zu leben haben, sondern Gott es mit uns lebt«, so lautet ein bekannter Satz von ihm, den er an Weihnachten 1944 nach monatelanger Folter in seiner Gefängniszelle geschrieben hat. Mystische Spiritualität heißt dann immer wieder: Leben in dem Bewusstsein, dass Gott selbstverständlich da ist.

So können sich auch die weiteren Zusagen Jahwes bewahrheiten, dass Wasser und Feuer uns nichts anhaben werden. Ich denke, jede und jeder kann sich Situationen in seinem Leben vorstellen, in denen einem – nicht nur bei Hochwasserkatastrophen – sprichwörtlich das Wasser über dem Kopf zusammenschlägt oder irgendetwas uns schier verbrennt. Genau dann kann ich mir bewusst machen, dass Jahwe bei mir ist. Ich muss nicht voller Angst schreien: »Gott, höre mich und erlöse mich!«, sondern eher: »Gott, du erhörst mich und hast mich erlöst«. »Was auch immer auf deine Seele einwirken mag, es bleibt in der Gegenwart Gottes!«, interpretiert der Wüstenvater Makarios der Große von Ägypten im 4. Jahrhundert nach Christus diesen Satz.

Bleibt noch die Begründung, warum Gott den Menschen erlöst. Sie klingt ganz einfach: »Weil du in meinen Augen teuer und wertvoll bist und weil ich dich liebe.« Braucht es da noch eine Erklärung? Vielleicht nur die eine: Jahwe sagt das von sich aus, einfach so, ungeschuldet. Theologen nennen das »Gnade«. Wieder wird deutlich: Die Bibel ist kein Steinbruch für Moral. Es gibt meiner Meinung nach keinen einzigen moralinsauren Satz, den man aus der Bibel ableiten könnte. Es geht vielmehr um ein Selbstverständnis aus dem Glauben heraus: Du musst nichts tun, du bist geliebt vor aller Leistung.

Mystische biblische Spiritualität hat jedoch auch immer eine ferne oder himmlische Dimension. Dies bezeugt zum Beispiel Jesaja 57,15: Jahwe wohnt nicht nur (aber auch und hauptsächlich) bei den Menschen auf der Erde. Er wohnt auch in der Höhe, wir sagen »im Himmel«. Jahwe ist nicht nur der Nahe, der im Herzen der Menschen zu Hause ist, er ist auch der Hohe und Erhabene. Das Faszinierende für mich ist, dass sich beides nicht ausschließt. Gott ist nicht entweder–oder, nicht dual oder gar dualistisch, sondern im Gegenteil: Jahwe ist non-dual, also sowohl–als auch. Diese Nondualität ist dem amerikanischen Franziskanerpater Richard Rohr ein großes Anliegen. Für ihn ist Gott »pure Präsenz« (the naked now): da, anwesend, nahe, genauso im Himmel wie auf Erden.

Nun könnte man fragen: Ab wann ist denn Gott uns Menschen nahe, ab welchem Alter wohnt er bei und in uns? Gibt es so etwas wie eine »spirituelle Volljährigkeit« oder eine Bedingung dafür, zum Beispiel die Taufe? Muss ich mir im Lauf meines Lebens sein Dasein vielleicht sogar erarbeiten oder verdienen? Die Antwort ist klar, mehr als klar. Wir finden sie beim Propheten Jeremia in seiner Berufungsgeschichte (Kapitel 1,4–9). Diese ist genau datierbar, nämlich im 13. Jahr der Regierung des Königs Joschija, also um 627 vor Christus in Juda, dem Südreich Israels. Jeremia beschreibt hier seine Berufung mit deutlichen Worten: Er hat Gott als »Ich bin für euch da« erfahren, und zwar wurde er schon im Mutterleib »geheiligt« – also dazu bestimmt, dass er heilsam für die Menschen sein wird, durch ihn sollten sie Heil erfahren. Eine gewaltige Herausforderung für ihn, weswegen er sich in gut prophetischer Tradition zuerst einmal gegen seinen Auftrag wehrt und auf seine Jugend hinweist. Das Lebensalter spielt für Gott aber keine Rolle. Er richtete sein Wort an ihn, legt sein Wort in sein Herz, noch bevor Jeremia sich dessen bewusst geworden ist. In diesem Sinn ist Jeremia uns heute sehr nahe. In den meisten Fällen verstehen wir nicht durch ein außergewöhnliches Ereignis, was Gott von uns erwartet, sondern durch etwas, das einer »inneren Stimme« gleicht, die allmählich in uns aufsteigt.

In den 1990er-Jahren gab es ein damals neues geistliches Lied mit hinreißender Melodie zum Mitklatschen und dem Refrain: »Sag nicht, ich bin noch zu jung, gehe, wohin ich dich senden werde. Lass dich ergreifen von meinem Geist, fürchte dich nicht, in bin mit dir« (leider nicht mehr auffindbar). In den Strophen wurde von Jeremia, Jona und auch Mose erzählt und immer wieder das »Ich bin mit dir« betont. In Jeremia 1,4–9 geht Jahwe hier aber noch weiter: Er streckt seine Hand aus, berührt Jeremias Mund und legt seine Worte in ihn hinein. Eine ungemein zärtliche Geste. Erst nach dieser Berührung bekommt der Prophet seinen Auftrag, der alles andere als angenehm für ihn ist. Jeremia ist von Jahwe nicht nur zum Pflanzen und Bauen berufen, sondern auch zum Zerstören und Niederreißen. Keine leichte Aufgabe, aber Jahwe lässt ihn dabei nicht allein, das hat er ihm gleichsam in den Mund hinein versprochen.

Diese Verse im Jeremiabuch fordern mich heraus, auch über den Berufungsbegriff in mystischer Hinsicht noch einmal nachzudenken. Ich erlebe, dass er in kirchlichen Kreisen heute fast ausschließlich für »geistliche Berufe«, also Priester und Ordensleute, verwendet wird. Zu dieser Art von Leben wird man also von Gott berufen – zu anderen Tätigkeiten nicht? Dabei steckt doch in jedem Beruf das Wort »Berufung«. Und im Johannesevangelium heißt es: »Nicht ihr habt mich erwählt, sondern ich habe euch erwählt und bestimmt, dass ihr hingeht und Frucht bringt und eure Frucht bleibt [...]. Das gebiete ich euch, dass ihr euch untereinander liebt« (Johannes 15,16f). Es geht also bei einem biblischen Berufungsbegriff in erster Linie um die Liebe, um das Leben in Gottes Liebe, nicht um Karriere, Konkurrenz, Profilierung oder Abgrenzung. Und auch nicht um Priester- oder Ordensnachwuchs. Berufung ist in erster Linie Berufung zum Leben in Liebe. Ich möchte es etwas ausweiten: Jeremia 1,4ff und Johannes 15,16f machen mir bewusst, dass Gott nicht zu einem bestimmten Beruf beruft, auch nicht zu einem Stand oder Lebensstil, sondern zum Leben. Und dieses Leben gestalten wir dann in aller Freiheit, die wiederum von Gott geschenkt ist.

Die Enzyklopädie Wikipedia drückt es so aus: Berufung (Religion) ist das Verspüren eines »inneren Rufes« zu einer bestimmten Lebensaufgabe. Ich kann es auch andersherum sagen: Gott beruft zu allen Berufen, Ständen und Lebensstilen, nicht nur zu einem bestimmten. Und auch nicht zu einem kirchlichen, egal welcher Konfession. Dann ist nämlich die Kassiererin im Supermarkt genauso berufen wie die Mitarbeitenden bei der Müllabfuhr oder eben PfarrerInnen, TheologInnen, ÄrztInnen. Alle stehen mit ihrem Leben im Dienst der Liebe Gottes. Niemand hat Grund, sich über andere zu erheben oder einen exklusiven Berufungsgedanken für sich allein zu beanspruchen. Und wenn ich im gegenwärtigen System bleibe und daran glaube, dass Gott auch zum Priester- und Ordensleben beruft, dann beruft er meiner Meinung nach in aller Freiheit, wen er will. Zurzeit wird Gottes »Berufungsfreiheit« aber durch das katholische Kirchenrecht derart eingeschränkt, dass nur zölibatär lebende Männer ab 25 Jahren zum priesterlichen Dienst berufen werden dürfen. Salopp gesagt vermute ich, dass Gott diesen Eingriff in seine Freiheit nicht mehr länger hinnimmt und deswegen kaum noch Berufungen ausspricht – mich wundert das nicht!

Jeremia fühlte diese Berufung Gottes zum Propheten schon im Mutterleib, in anderen biblischen Perikopen spüren Menschen den Ruf Gottes für andere Aufgaben, einige wenige Beispiele mögen das aufzeigen: Genesis 12,1–5, Genesis 45,8, Exodus 3,14, Numeri 22–24, Richter 13, Ruth 1,16, 1 Samuel 3, Matthäus 2,1–12, Matthäus 3,1–12, Matthäus 3,13–17, Matthäus 4,18–22, Matthäus 9,9–13, Lukas 6,12–16, Johannes 20,21–22. Selbstredend ist diese Aufzählung nicht vollständig. Ich frage mich, ob es uns heute nicht ähnlich geht wie den Menschen im Alten Testament, damals im Exil: Unser Elend heißt heute Pandemie, Naturkatastrophen, Kriege, alle paar Sekunden verhungert ein Mensch, der Erde droht der Klimakollaps, es gibt aber auch Unterdrückung, Sklaverei und Flucht. Gott ist immer da in diesen Situationen, damals wie heute. Wo aber ist ein Prophet, der uns in unseren Tagen genau das zuruft, was Jesaja damals gesagt hat: »Habt keine Angst, ich bin da« Oder auch: »Nimm deine Angst an, nimm sie ernst, du musst sie nicht verdrängen, steh zu ihr.« Ist das nicht auch die Aufgabe der Kirchen? Und wenn jemand käme – würde ich, würden wir Menschen ihm dann glauben? Sind Kirchen überhaupt in solchen zutiefst spirituellen Fragen noch glaubwürdig? Oder sind sie viel zu viel mit sich selbst, mit ihren eigenen Strukturen und Insiderfragen beschäftigt?

Ich denke, die Antwort einer mystischen Spiritualität auf die heutigen Herausforderungen wird deutlich: Zuallererst ist Jahwe da, bei uns, hier und heute, ob es uns gutgeht oder – leider allzu oft – nicht. Gottes Da-Sein ist keine Vertröstung. Wie es auch ausgeht oder weitergeht: »Ich bin für euch da« hält sein Wort. Kein Mensch ist allein, die ganze Schöpfung ist nicht allein. Mir macht das Mut.

- *Beim Lesen und Meditieren der Bibel mache ich mir immer wieder bewusst, dass Gott einen Namen hat: »Ich bin für euch da«. Ich ersetze das männliche Wort »Herr« durch diesen Namen.*
- *Ich mache mir bewusst und erzähle weiter, dass die Zehn Gebote Regeln für ein menschliches Zusammenleben in Frieden und Freiheit sind.*
- *Ich bin achtsam, dass sich mein Glaube im konkreten Alltag zeigt und bewährt, dass ich nicht nur »SonntagschristIn« bin.*
- *Ich mache mir immer wieder bewusst, dass wir alle in gleicher Weise Gottes bevollmächtigte Menschen sind und dementsprechend angstfrei durchs Leben gehen können, auch wenn es schwierig wird.*
- *Wie viele Täler und Dunkelheiten gibt es in meinem alltäglichen Leben? Abschiede, schwere Krankheiten körperlicher und psychischer Art, materielle und spirituelle Not, Situationen, in denen mir buchstäblich das Wasser über dem Kopf zusammenschlägt und vieles mehr. Ich mache mir die Anwesenheit Jahwes auch und gerade in diesen Situationen bewusst, versuche zur Ruhe zu kommen, damit meine Lebenskraft zurückkehren kann.*
- *Ich mache mir immer wieder die bedingungslose Anwesenheit Gottes bewusst.*
- *Ich überprüfe mich beim gemeinsamen Beten, wie und ob ich hinter den Inhalten stehen kann, wenn es zum Beispiel heißt: »Komm!«, »Wir bitten dich, erhöre uns« oder »Erlöse uns, o Herr«.*
- *Ist mir bewusst, dass ich ProphetIn bin, die heutigen Menschen genau das zurufen kann, was Jesaja damals gesagt hat: »Hab keine Angst, ich bin da!« Ist das meine Aufgabe, egal, ob ich einer Kirche angehöre oder nicht?*
- *Ist zum Beispiel Greta Thunberg auch für mich eine moderne Prophetin?*

Jahwe wohnt bei und in den Menschen

Geht man vom Namen Gottes als »Ich bin für euch da« aus, könnte man es auch so verstehen, dass er in der Ferne weilt und ab und zu zu Besuch kommt, wenn es nötig ist und er gerufen wird. Doch an verschiedenen Stellen in der Bibel (zum Beispiel 1 Könige 6,13) sagt Gott zu, dass er inmitten der Israeliten – seinem Volk – wohnen wird. Nicht zuerst im Tempel oder an irgendeinem anderen Ort ist Gottes Wohnung, sondern bei seinem Volk, und zwar in dessen Mitte. Mitten unter uns Menschen wohnt Gott, nicht irgendwo am Rand, damals wie heute. Wohlgemerkt: Es geht um die Wohnung Gottes, nicht das »Hotel« oder das »Ausflugsziel« Gottes. Eine Wohnung ist ein Ort, an dem man sich niedergelassen und meistens auch häuslich eingerichtet hat.

Ich vermute, der konkrete Anlass für diese Zusage ist die Angst des Volkes, dass Gott es alleinlässt. Eines ist für die Betenden sicher: Jahwe, der Hirte, behütet die Menschen. Ein herausragendes Zeugnis dafür ist der Psalm 91. Vielen wird er bekannt sein durch die Vertonung von Felix Mendelssohn Bartholdy in seinem Oratorium »Elias«: »Denn er hat seinen Engeln befohlen über dir«. Dem bedeutenden Mystiker und Kirchenlieddichter Paul Gerhard diente der 91. Psalm als Vorlage für sein Lied »Wer unterm Schutz des Höchsten sitzt«, auch das ökumenische Kirchenlied »Wer unterm Schutz des Höchsten steht« hat seine Wurzeln in Psalm 91. Hier werden Alltagssituationen und tägliche Ängste nicht geleugnet oder verharmlost, sondern thematisiert und ernst genommen (zum Beispiel der Schrecken der Nacht, Kriegswerkzeuge, Krankheiten). In Vers 9 heißt es in der hebräischen Version ganz klar, dass Gott die Wohnung des Betenden ist. Meines Wissens ist hier erstmals in einem biblischen Text ausgesagt, dass Gott *im* Menschen wohnt. Später ist es für viele Mystikerinnen und Mystiker fast schon selbstverständlich, dass der Mensch die Wohnung Gottes, »des Höchsten«, ist. Nicht mehr nur der Himmel oder das All, sondern sein Ebenbild, der Mensch. Ein für mich unübertroffenes Bild der Nähe und Intimität Gottes zum Menschen, von dem später noch ausführlich die Rede sein wird.

Dieses Wohnungnehmen Gottes im Menschen hat beinahe logischerweise zur Folge, dass der »Einwohner« (Gott) seine Boten (»Engel«) aussendet, um den »Wohnungsgeber« (den Menschen) auf seinen Wegen zu schützen, ja auf den Händen zu tragen. Für mich ein wunderbares Bild des zärtlich fürsorgenden »Ich bin für euch da«. Keine Schramme, kein blauer Fleck wird dem Menschen geschehen. Ich weiß wohl, dass diese Zusage in der Lebenswirklichkeit der Menschheit nicht immer spürbar ist, aber die Anwesenheit Gottes, seine Wohnung in der Seele des Menschen, ist ein für alle Mal gegeben. Zudem wird hier schon angedeutet, dass angesichts des Leids in der Welt der Gott des Lebens dieses nicht wegnimmt, sondern mitleidet. Doch dazu später mehr.

Einer der bekanntesten Abschnitte des Alten Testaments ist Ezechiels Traum vom Tal der verdorrten Gebeine (Ezechiel 37,1–14). Er veranschaulicht, dass die Gegenwart Jahwes seinem Volk ein neues Herz gibt, eines aus Fleisch statt aus Stein, sodass sich das Volk selbstbewusst auf seine Füße stellen kann. Das ist Jahwes Wille: ein selbstbewusstes Volk, damals wie heute! Aber auch die Perikope des ewigen Friedensbundes zwischen Gott und den Menschen (Ezechiel 37,26–28) ist zeichenhaft für eine mystische Spiritualität, umfasst sie doch die Zusage, dass Jahwe sein Heiligtum, also den Ort seiner Gegenwart, mitten unter dem Volk errichten wird. Er wird für sie Gott sein und Israel wird sein Volk sein. Mitten unter seinem Volk wohnt Gott in seinem Heiligtum, über ihm in seiner Wohnung, um das Volk zu beschützen. Im übertragenen Sinn bedeutet dies auch, dass das Heiligtum Gottes sich in der Mitte jedes Mitglieds des Volkes befindet, also in seinem Herzen, in seiner Seele. Unschwer zu erkennen, was das für uns heute bedeutet: Gott wohnt in unser aller Mitte. Er ist ein naher Gott, keiner, der abseits der Welt im Himmel thront, fern von uns Menschen. Edith Stein formulierte es so: »Es ist Gottes Freude, bei den Menschen zu sein.« Dies ist wohl der wahre Grund, warum Gott »Ich bin für euch da« heißt: Gott hat Freude an uns, er ist kein Miesepeter, der auf Gebete und Opfer wartet.

Diese großartige Botschaft bringt der Prophet Zefanja fast schon zur Perfektion, wenn er in Zefanja 3,17 (nach der Übersetzung von Martin Buber und Franz Rosenzweig) sagt: »Er, dein Gott, ist drinnen bei dir, ein Held, der befreit, er entzückt sich an dir in der Freude: bald verstummt er in seiner Liebe, bald jauchzt er im Jubel um dich.« Der »kleine« Prophet Zefanja besteht nur aus drei Kapiteln, dennoch gilt für ihn: »Klein, aber oho«, drückt er doch die Zusage vieler anderer Propheten seiner Zeit (um 620–610 vor Christus) noch einmal mit großer Klarheit aus: »Ich bin für euch da, dein Gott, ist drinnen bei dir«, wenn man es wörtlich aus dem Hebräischen übersetzt. »Dein« Gott meint hier wiederum: Er ist ein Gott für Welt und Mensch. Also einerseits keine anonyme Gottheit, die irgendwo in mehr oder weniger großer Einsamkeit herrscht, andererseits ein Gott, der nicht vereinnahmt werden kann oder ein exklusiver Gott für eine bestimmte Gruppe von Menschen ist. Mitten unter uns Menschen ist sein Platz. Einige Lieder drücken das sehr deutlich aus, zum Beispiel »Du bist da, wo Menschen leben, du bist da, wo Leben ist«. Ebenso wie »Nahe wollte der Herr uns sein« von Huub Oosterhuis. Wenn solche Lieder gesungen werden, dann geht mir das Herz auf.

Bei Zefanja und anderen heißt es noch weiter: Nicht nur »drinnen in uns« wohnt Jahwe, sondern hier ist sogar seine Wohnung, sein Heiligtum. Unser Innerstes ist das Heiligtum Gottes. Um nochmals Edith Stein zu zitieren: »Gott ist die Liebe, und zwischen der Seele und ihm geschieht fortwährend eine liebende Vereinigung, und das in aller Freiheit.« Das alles geschieht von Jahwe aus, nicht, »weil man das halt so macht« oder »weil es schon immer so war«, sondern weil es ihm Freude macht, weil wir Menschen ihm Freude machen. Zefanja bringt so gleichsam die gesamte Botschaft des Ersten (Alten) Testaments noch einmal auf den Punkt. Für mich ist das die froheste aller Frohbotschaften – unendlich beglückend: Gott ist nicht nur im Himmel, nicht nur in seiner Schöpfung, Gott ist nicht nur in einem Haus aus Stein, auch nicht nur in seinem Volk und in seiner Gemeinde, sondern darüber hinaus in jedem Menschen. Das ist ein nie ganz zu fassendes Geheimnis, eine nie ganz zu begreifende Wahrheit.

Versteht man die Anwesenheit Gottes in diesem Sinn, wird eine Grundangst der Menschen – damals wie heute – überflüssig: Die Gottverlassenheit. In biblischen wie in heutigen Zeiten hört man trotzdem immer wieder Gebete wie: »Verlass uns nicht, Herr, unser Gott«. Im Hinblick auf das oben Ausgeführte haben wir seit Jahrtausenden bereits die Zusage, dass Gott uns eben nicht und niemals verlassen wird, schon weil er in uns wohnt. Dennoch zieht sich die Grundangst der Gottverlassenheit wie ein roter Faden durch die Geschichte der Menschen mit Gott – und wird auch in diesem Buch immer wieder Thema sein.

Mystisch leben heißt also, Leben im Gottesbewusstsein. Ganz praktisch hat das nicht nur Einfluss auf das persönliche Gebetsleben, sondern auch zum Beispiel auf die religiöse Erziehung. Folgende Szene, die ich erlebt habe, fällt mir dazu ein: Eine Wort-Gottes-Feier mit Kleinkindern an Heiligabend, die Lektorin zitiert das bekannte Weihnachtsgedicht: »Von drauß' vom Walde komm' ich her [...] und oben von dem Himmelstor schaut mit großen Augen das Christkind hervor.« Obwohl mir natürlich bewusst war und ist, dass das Christkind nicht oben aus dem Himmel hervorschaut, da es ja in unseren Herzen wohnt, blieb ich im Bild und fragte die Kinder: »Warum schaut wohl das Christkind mit großen Augen zu uns Menschen?« Die Antwort eines kleinen Mädchens war: »Das ist doch leicht: Weil es sich auf uns freut!« Dem ist nichts hinzuzufügen: Mystische Spiritualität aus Kindermund im Gottesdienst! Ein wahrer Gottes-Dienst, Dienst Gottes an uns!

Übungen für den Alltag

- *Ich mache mir immer wieder bewusst, dass Gott sich bei uns Menschen, bei mir häuslich eingerichtet hat. Ich brauche keine Angst zu haben, dass Gott aus dieser Wohnung wieder auszieht.*
- *Ich suche Liedtexte, in denen von Gott, der beim und im Menschen wohnt, die Rede ist, und meditiere sie.*
- *Ein Meditationswort kann lauten: »Du in mir, ich in dir!« Dies sage ich mir immer wieder vor, meditiere es, versuche, es tief in mich aufzunehmen und mir immer wieder bewusst zu machen.*

Jahwe befreit

In den Zehn Geboten stellt sich Gott im ersten Satz als der vor, der Israel aus der Sklaverei Ägyptens befreit hat. Das war *die* grundlegende Erfahrung des Volkes. Kein Wunder, dass auch später die Freiheit immer wieder eine Rolle spielt und erwähnt wird, mit großer Gewissheit, dass die Befreiung aus Ägypten kein einmaliges Ereignis war, sondern sich immer wieder ereignen wird – im Volk und in jedem einzelnen Menschen. Ein wichtiges Zeugnis hierfür ist Vers 5 in Psalm 31. Voraussetzung dieser Gewissheit ist jedoch die Erfahrung der Unfreiheit. Der Beter klagt, weil er offensichtlich in einen Hinterhalt geraten ist, er hat sich in einem heimtückisch gelegten Netz verfangen und ist sich der Befreiung durch »Ich bin für euch da« sicher. Befreien, freizumachen und dadurch seine Nähe zu zeigen ist seit dem Auszug aus Ägypten eine entscheidende Eigenschaft Jahwes, die Menschen immer wieder erfahren. Eine Erfahrung, auf die sich die »Theologie der Befreiung«, die ich bei einigen Begegnungen mit ihrem Gründer Gustavo Gutierrez in Peru und Ernesto Cardenal in Nicaragua ein wenig kennenlernen durfte, in hohem Maß stützt. Mit Jahwe als dem Befreier hat sie das in beeindruckender Weise als »Option für die Armen« fruchtbar gemacht. Leider wurde diese Bewegung durch die Päpste

Johannes Paul II. und Benedikt XVI. eher behindert als gefördert und durch Personalentscheidungen weitgehend verunmöglicht. Der jetzige Papst Franziskus, selbst Befreiungstheologe aus Argentinien, kehrt diese Entwicklung gottlob nun wieder um.

Zurück von der großen Kirchenpolitik zu den konkreten Menschen, die leider von dieser Politik teilweise abhängig sind. »Erinnerung ist das Geheimnis der Erlösung«, hat der verstorbene Auschwitz-Überlebende und Friedensnobelpreisträger Elie Wiesel immer wieder betont. Ganz in diesem Sinn spricht Psalm 81, der erneut die Befreiung aus Ägypten und die Offenbarung des Dekalogs am Sinai thematisiert, und zwar in der Form der direkten Rede Gottes. Jahwe erinnert an seine Großtat. Ergänzt wird diese Gedächtnisauffrischung durch die einladende Aufforderung an das Volk, seinen Mund weit zu öffnen, damit Gott ihn füllen kann mit seiner Botschaft. Dies alles geschieht in großem Respekt. Gott sagt also nicht: »Ich stopfe euch das Maul!« Stattdessen tut er seinen Willen kund, dass wir Menschen gleichsam sein Sprachrohr werden. Den Mund müssen wir schon selbst auftun! Und wenn unser Mund offen ist, wird Gott das Seine tun, darauf dürfen wir vertrauen. Also: Mund auf, nicht Klappe halten! Wir müssen uns auch nicht mit der verzweifelten Suche nach den richtigen Worten aufhalten, das können wir getrost Jahwe überlassen – wie entlastend!

Übungen für den Alltag

- *Ich frage mich und lasse mich fragen:*
  Wo fühle ich mich unfrei, wo habe ich Unfreiheit erfahren?
- *Wo habe ich bei mir selbst oder bei anderen Befreiungsprozesse erlebt? Kann und will ich sie mit Jahwe in Zusammenhang bringen und als seine befreiende Tat deuten?*
- *Mache ich in Sachen Befreiung meinen Mund auf? Erhebe ich meine Stimme für Recht und Gerechtigkeit? Wann und wo?*

Jahwe ist Kraft und Schild

Diese beiden Bilder von Jahwe haben, so unterschiedlich sie sein mögen, doch eines gemeinsam: Sie erzählen von einem starken Gott, dem man etwas zutrauen, der helfen kann. Viele sehnen sich nach diesem starken Gott – damals wie heute. Und es ist verständlich, vor allem bei denen, die sich in Notlagen und Gefahren befinden. Von einer solchen Situation erzählt unter anderen Psalm 28. Hier geht es um alles, das heißt, um nicht weniger als das Leben, es ist eine todernste Situation. Was würde ich tun, was würden Sie tun? Zuerst (Vers 4) bittet die betende Person um Vergeltung – eine Haltung, die ich in äußerster Not zwar verstehen kann, die mir persönlich aber eher fremd ist. Andererseits: Wenn Gott das Böse vergelten soll, ist es dort gut aufgehoben, auf alle Fälle besser, als wenn Menschen selbst Vergeltung üben.

»Not lehrt Beten« heißt ein bekannter Satz, der leider nur selten stimmt. Denn wenn ich beten nicht irgendwann in guten Zeiten gelernt habe, lehrt es mich die Not in den seltensten Fällen. Daher vermute ich, dass der Beter eine gläubige Person ist, der der Name Gottes vertraut ist: »Ich bin für euch da«. Das kennt sie, mit diesem Gottesbild wurde sie sozialisiert. Sie weiß und fühlt, dass Jahwe Kraft und Schutzschild ist, dass er ihr nahe ist und sie nicht alleinlässt. Vor allem Beten hat sie diese Erfahrung der Nähe Gottes gemacht, dass er ihr Schild ist, der sich schützend vor sie stellt.

Vertrauen ist ein weiteres entscheidendes Wort in diesem Zusammenhang. Herzensvertrauen in Jahwe zeichnet den Betenden aus, so beschreibt er sich selbst. Auch das eine Erfahrung, die wachsen muss und Zeit braucht. Aus dieser Haltung heraus hat er Hilfe erfahren. Wie reagiert er darauf? Nicht im Sinne von: »Nochmal gut gegangen, abgehakt, weiter geht's«, sondern er bricht in jubelnde Dankbarkeit aus. Das ist seine Antwort auf die als kraftvoll erfahrene Hilfe. Nicht Gleichgültigkeit, sondern ein von Herzen empfundener freudiger Dank, der sich in Jubel und Singen äußert. Wie mag wohl dieses Lied klingen? Der Begriff der Dankbarkeit wird uns im Verlauf dieses Buches noch weiter beschäftigen.

Übungen für den Alltag

- *Ich frage mich: Wen lobe ich – und wann?*
- *Wie klingen mein Lob und mein Dank?*
- *Bringe ich mein Loben und Danken auch in Beziehung zu Gott?*

Jahwe ist Licht

An vielen Stellen in der Bibel ist dieses Bild präsent, das sehr viel Hoffnungskraft hat. Auf zwei möchte ich mich hier beschränken. Am spannendsten für unser Thema ist Psalm 36,10b: »In deinem Licht schauen wir das Licht!« Besonders zu beachten ist auch hier wieder, dass die Aussage im Präsens steht: Jetzt, hier in der Gegenwart schauen wir Jahwes Licht, weil er bei uns ist – ohne Wenn und Aber. Dieses Schauen ist an keinerlei Bedingungen oder Verhaltensregeln geknüpft. Jahwes Licht ist anwesend, mitten unter uns. Wir können es nicht nur sehen, sondern wir sehen es – damals wie heute. Wir müssen nicht darum beten, es nicht »herabflehen«. Wenn wir etwas tun müssen, dann, uns dieses Licht bewusst zu machen. Diese Aussage gibt allen Menschen eine souveräne Freiheit, dass sie im Licht Gottes leben, unabhängig von Menschen, die es vermitteln, egal, wie man sie nennt.

Diese Textstelle erinnert mich zudem an den 3. Vers in Jesaja 6, als der Prophet den Thron Jahwes schaut, der gepriesen wird: »Heilig, heilig, heilig ist der Herr der Heerscharen. Erfüllt ist die ganze Erde von seiner Herrlichkeit«. Das so maskulin klingende »Herrlichkeit« heißt in der hebräischen Sprache *Kabot*, übersetzt: »Lichtwucht«. In der Liturgie vieler Konfessionen betet die Gemeinde dies zum Sanctus, das heißt, sie macht sich bewusst, dass der ganze Erdkreis von Jahwes Licht erfüllt ist. Fragend stehe ich immer wieder vor dem Phänomen, dass gerade vielen KirchgängerInnen dieses Bewusstsein der Anwesenheit des Lichtes Gottes auf der ganzen Erde oft fehlt. In allen Menschen ist Gottes Licht. Das lehren uns nicht nur diese beiden Textstellen aus dem Ersten Testament.

Der Begriff »Herrlichkeit« kommt auch in der Doxologie, dem Lobpreis Gottes nach dem Vaterunser, vor, jenem Auszug aus dem jüdischen 18-Bitten-Gebet, das uns Jesus vorgebetet hat: »Denn dein ist das Reich und die Kraft und die Herrlichkeit. Amen.« Ursprünglich kommt »Herrlichkeit« vom mittelhochdeutschen »hehrlich« und meint so viel wie »erhaben, vornehm, stolz«. Abgeleitet vom althochdeutschen »hehr« wurde es schon früh als zu »Herr« gehörig empfunden, die Bindung an »hehr« ging leider verloren. Herrschaft und Herrlichkeit (mittelhochdeutsch: »hehrschaft«) haben also etwas mit Hoheit und Würde zu tun. Im Sprachgefühl der meisten Menschen ist das Wort jedoch männlich konnotiert. Das stört mich schon lange: Was wäre eine weibliche Variante? Von »Dame« kommt dann »Dämlichkeit«? Das kann es wirklich nicht sein. Deshalb haben wir im Offenen Kloster Abbaye de Fontaine-André in Neuchâtel gebetet: »Denn dein ist das Reich und die Kraft und die Zärtlichkeit. Amen.« Das ist zwar etwas vom Urtext entfernt, umgeht aber die übertrieben maskuline Form und trifft den Sinn sehr gut. Gerne möchte ich die Leserinnen und Leser damit anstecken!

Übungen für den Alltag

- *Ich mache mir bewusst, dass ich – wie alle Menschen – in Gottes Licht lebe, hier und jetzt, unabhängig von Licht- oder Gnadenvermittlern wie zum Beispiel Heiligen oder Priestern.*
- *Ich suche für mein Gebetsleben nach anderen Worten für männlich dominierte Begriffe wie zum Beispiel Herrlichkeit und traue mich, diese zu sagen, auch wenn sie nicht exakt den theologischen Sinn treffen. Gott versteht auch nichttheologische Sprache.*

Jahwe segnet

»Segnen« ist eines der häufigsten Verben, die in der Bibel auf Jahwe angewendet werden. Ein relativ alter Text, der wohl bald nach dem babylonischen Exil im 6. Jahrhundert vor Christus entstanden ist, findet sich in Psalm 115,12–15. Das Volk steht in der Auseinandersetzung mit den Gottheiten anderer Völker und ist wohl auch deren Spott ausgesetzt, weil scheinbar ein sichtbares Zeichen für die Existenz ihres Gottes fehlt. In dieser schwierigen Situation setzt Israel nicht darauf, das eigene Volk gleichsam mit der Moralkeule bei der Stange zu halten (»Wenn ihr nicht ..., dann ...«, oder: »Weil ihr nicht ..., deshalb ...«). Im Gegenteil: Es wird dargelegt, dass die von Menschen gemachten Götzenbilder nutzlos sind, weil sie nichts bewirken können. Das Verhältnis des »Ich bin für euch da« zu seinem Volk wird neu ins Bewusstsein gehoben mit der Gewissheit, dass Jahwe alle segnen wird (hebräisch *barach* = mit heilender Kraft begaben). Das mutet auf den ersten Blick sehr kompliziert und vielleicht sogar lebensfremd und unverständlich an. Mir hilft beim Verstehen die lateinische Übersetzung für das Wort segnen: *bene-dicere* = etwas Gutes sagen. Wenn Gott segnet, dann sagt er also den Gesegneten etwas Gutes, zum Beispiel: »Es ist gut, dass es dich gibt.« Auch wenn wir Menschen (Gottes Ebenbilder) uns gegenseitig segnen, wünschen wir uns damit etwas Gutes. Ich erinnere mich sehr gerne, dass meine Mutter mir, wenn ich aus dem Haus ging, ein Kreuz auf die Stirn gezeichnet hat, auch noch im hohen Alter, als ich längst erwachsen war. Sie wünschte mir so – meist wortlos – alles Gute. Ich erfuhr Gottes Nähe zunächst unbewusst durch die Geste meiner Mutter.

Für die mystische Spiritualität unbedingt wichtig ist auch hier wieder der Indikativ: Jahwe segnet. Er tut dies, ohne dass man ihn flehentlich darum bittet. Es ist gleichsam seine Eigenschaft, segnend mit seiner Lebenskraft bei den Menschen zu sein. Jahwes Segen gilt allen, die Gott »fürchten«, wie es in diesem und vielen anderen Texten in der deutschen Übersetzung heißt. Wobei das Wort im biblischen Kontext nichts mit Angst zu tun hat. Ich halte diese Übersetzung daher für unzutreffend, ja für gefährlich, weil eben »fürchten« fast immer mit »sich ängstigen« assoziiert wird. Und »Angst« hat mit Gott nichts zu tun, auch wenn sich leider in der Geschichte aller Konfessionen eine jahrhundertelange Angstspur verfolgen lässt, die auch heute noch nicht überwunden ist. »Gott fürchten« bezeichnet eher die rechte Haltung gegenüber Gott und seinem Willen, und wäre daher meiner Meinung nach durch »achten«, »respektieren«, »respektvoll umgehen« oder ein anderes äquivalentes Wort zu ersetzen. Auch für den häufig gebrauchten Begriff der »Ehrfurcht« braucht es dringend einen verständlicheren Ersatz, etwa »Ehrerweis«, »Achtung«, »Hochachtung«, »Wertschätzung« oder Ähnliches, denn bei einer recht verstandenen Ehrfurcht geht es nicht darum, ängstlich, schüchtern oder zurückhaltend zu sein. Wie sagte doch Karl Rahner: »An Gott ist vieles heimlich (= heimelig), aber nichts unheimlich!« »In Ehrfurcht zu erstarren« hat also mit Jahwe nichts zu tun. Das Segnen oder der Segen spielt in den verschiedensten Konfessionen auch heute noch eine wichtige Rolle. Segen beziehungsweise Segensworte beschließen in der Regel den Gottesdienst der christlichen Gemeinde. Segensworte sprechen wir auch in verschiedene Lebenssituationen hinein, zum Beispiel ein Segen am Morgen, ein Segen zur Nacht. Über das Jahr verteilt kommen verschiedene Segensgesten im Gottesdienst und zu unterschiedlichen Anlässen vor, zum Beispiel Blasiussegen, Wettersegen, Primizsegen, Segen für Paare, Segen zur Taufe. Wichtig finde ich hierbei die direkte Zusage an den / die zu Segnenden, weil die Empfänger den Zuspruch ganz persönlich für sich annehmen und mitnehmen sollen: Gesegnet, um wiederum ein Segen zu sein für andere.

In der Praxis höre ich den Segen jedoch zu allermeist als eine Segensbitte: »Es segne euch ...« Biblisch begründen lässt sich aber vor allem eben nicht die Bitte, sondern die direkte Zusage: »Gott segnet!« Ich wünsche mir, dass in all den vielen Segens-Situationen um diesen eben nicht gebetet oder gebeten, sondern direkt zugesagt wird: »Es segnet euch ...« Dann wird klar, dass wirklich alle Gesegnete sind. Alles andere ist in meinen Augen Ausdruck eines Unglaubens, der nicht zu einer Stärkung im Glauben beiträgt, sondern eher zur Verunsicherung – vielleicht segnet Gott ja doch nicht?

Übungen für den Alltag

- *Immer, wenn ich in Bezug auf Gott die Worte »fürchten« oder »Ehrfurcht« höre oder lese, mache ich mir bewusst, dass dies nichts mit Angst zu tun hat, sondern mit Respekt und Ehrerweis.*
- *Wenn ich segne, erbitte ich nicht Gottes Segen,*
  sondern sage ich ihn direkt zu:
  »Es segnet dich Gott ...«

Jahwe lebt

In Georg Friedrich Händels Oratorium »Messias« findet sich die Arie »Ich weiß, dass mein Erlöser lebet«. Diese geht auf einen Bibelvers aus dem Buch Hiob (19,25) zurück – ein schwerer und in manchen Passagen nicht leicht zu ertragender Text. Kann man dieses Buch, diese Verse, zur mystischen Literatur zählen? Der Philosoph und Soziologe Max Weber sagte einmal, Gott sei ein patriarchaler Monarch, weil niemand gegen ihn rebelliert habe, nicht einmal die Propheten. Immerhin stammt vom Propheten Jesaja (Jes 55,8) der Spruch des »Ich bin für euch da«: »Meine Gedanken sind nicht eure Gedanken und eure Wege sind nicht meine Wege.« Ist das die Aussage eines patriarchalen Gottes, der sich von niemandem in die Karten schauen lassen will? Einerseits mag das sein, aber auf der anderen Seite ist das der bekannte Name, der signalisiert, dass Jahwe niemanden je vergisst. Doch genau das tut Hiob. Er ist wohl der Einzige in der Bibel, der Jahwe angeht, ja attackiert: Hiob will von Gott, der dem Satan gestattet hat, ihn auf die Probe zu stellen, wissen, warum er das getan hat, mehr noch, warum er ihn befehdet hat. Das ist in der Bibel einmalig. Die Frage, die bei dieser Wette zwischen Gott und dem Satan im Hintergrund steht, lautet: Ob Hiob wohl auch dann noch am Glauben an Jahwe festhalten wird, wenn alles scheitert in seinem Leben, wenn ihm wirklich alles – Menschen, Geld, Wohlstand und Gesundheit – genommen wird? Die Antwort des »Ich bin für euch da« kommt recht ungeduldig in Form eines Gewittersturms und eines ganzen Katalogs vorwurfsvoller Fragen, zum Beispiel, wo Hiob denn bei der Erschaffung der Erde gewesen sei. All dies lässt Hiob schließlich verstummen, und am Ende wird alles – nach unseren Maßstäben – gut. Jahwe vermehrt den Besitz Hiobs um das Doppelte und dieser ist »zufrieden«. Die berühmten Verse: »Jahwe hat's gegeben, Jahwe hat's genommen, gelobt sei der Name Jahwes« zu Anfang des Hiob-Buches werden wahr. Diesen Vers hat Heinrich Schütz in seinen musikalischen Exequien unnachahmlich vertont.

Ja, der fromme Dulder Hiob ist in die Kirchengeschichte eingegangen, der Rebell gegen Gott ist dagegen kaum bekannt. Immerhin gehören die ganzen 42 Kapitel des Buches zum offiziellen Bibeltext von Juden und Christen. Der Psychologe Carl Gustav Jung sagte einmal, dass hier ein Bild des launischen, zornigen, eifersüchtigen und sehr empfindlichen Gottes zum Vorschein komme. Und genau hierin liegt die Wurzel, dass zumindest die Verse 25 bis 27 in Kapitel 19 zutiefst mystische Spiritualität ausdrücken. Denn in dem Moment, als Hiob diesen Satz einem seiner ratlosen Berater entgegenhält, weiß er noch nicht, wie alles ausgehen wird. Er muss ertragen, dass ihn sein »Erlöser« noch ziemlich lange gänzlich unerlöst in seinem Elend schmoren lässt. Ich denke, das kann er nur, weil er tief in seinem Inneren überzeugt ist, dass der »Ich bin für euch da« bei ihm ist, ja, dass er bereits – trotz allem Leid – erlöst ist. Dieser unglaublich feste Glaube wird im Text mit dem Wort »Wissen«, hebräisch: *jada*, ausgedrückt. *Jada* meint nicht nur ein mehr oder weniger oberflächliches kognitives Wissen, sondern ein tiefes Wissen, ganz und gar und durch und durch. Der berühmt-berüchtigte Satz »Glauben heißt, nicht wissen« mag hier andersherum sogar stimmen: Glauben ist mehr als wissen.

Hiob, der leidende und gepeinigte Mystiker – eine für mich faszinierende Sicht auf eines der bewegendsten biblischen Bücher, das in mir auch Fragen aufwirft, zum Beispiel: Aus welcher Quelle schöpft Hiob dieses Wissen, diese Gewissheit?

Übungen für den Alltag

- *Woran halte ich mich fest in schwierigen, ja aussichtslos scheinenden Lebenssituationen?*
- *Weiß ich wirklich wie Hiob, dass mein Erlöser lebt?*
  Und: Muss ich dies für meinen Glauben wissen?

Jahwe ist Frieden, Erbarmen und Hoffnung

Vor allem in den Büchern der Propheten wird das Dasein Jahwes immer wieder in Bildern und Eigenschaften beschrieben. Einige wenige möchte ich außer den schon beschriebenen noch benennen: Jesaja 54,10 erzählt von ihm als Friedensgott und Erbarmer. Waren die Verse in Jesaja 43 (siehe oben) schon ein unglaubliches Zeugnis der liebenden Zuneigung Jahwes, so setzt »Ich bin für euch da« durch den Propheten Jesaja hier sozusagen noch eins drauf: Selbst wenn man davon ausgeht, dass es auch im Zweistromland, dem historischen Gebiet Babylons, theoretisch Bergstürze und Erdbeben geben kann, stellen die Worte von den weichenden Bergen und stürzenden Hügeln natürlich keine Weissagung einer nahen Naturkatastrophe dar, wie Fundamentalisten immer wieder behaupten. Vielmehr ist der Vergleich ein Zeichen der nie vergehenden Liebe Gottes zu seinem Volk und dem niemals wankenden Frieden zwischen Israel und seinem Gott. Gott spricht hier selbst und benutzt in seiner Rede sogar das Wort »versprechen« (hebräisch: *amar*), das an Eindrücklichkeit und Stärke nicht zu überbieten ist. In seiner Urbedeutung meint das hebräische Wort *shalom* Vervollständigung, Ganzwerdung. Von diesem Substantiv leitet sich das Verb *lehaschlim* – komplettieren, vervollständigen – ab. Es deckt sich also nicht unbedingt mit dem deutschen Wort »Friede«. Wo *shalom* ist, finden sich nicht nur Sicherheit und Ruhe, sondern auch Gesundheit und Freude. *Shalom* ist folglich ein ganzheitlicher Begriff. Im Hebräischen fragt man, wenn man wissen will, wie es dem anderen geht: *Ma schlomech* – was ist dein *schalom*? Man erkundigt sich nach dem Wohlbefinden der Person, man wünscht ihr, was für sie wertvoll ist. Das alles ist Jahwe für die Menschen.

Das Volk hat sich die Liebe Jahwes auch nicht durch Gebete erfleht oder »erkauft«. Diese Liebe und Treue des »Ich bin für euch da« ist selbstverständlich, freiwillig, von sich aus gegeben und ungeschuldet. Diese ungeschuldete Nähe und Liebe Gottes ist »Gnade«. In der Theologie und hier in der Disziplin der Dogmatik ist die »Gnadenlehre« ein eigener, sehr schwieriger Traktat, mit dem ich damals im Studium große Mühe hatte. Die Gedankengänge waren für mich oft zu kompliziert. Der Begriff der Gnade erschloss sich mir erst, als ich Mitte der 1980er-Jahre als junger Pastoralassistent den damals schon sehr betagten weisen Pfarrer Joseph Keller aus dem Dorf Ippingen im Schwarzwald traf. Ihm klagte ich mein Leid mit der Gnade, war sie doch für meine katechetische und erwachsenenbildnerische Arbeit sehr wichtig. Wie sollte ich etwas vermitteln, das ich selbst nicht verstand? Es kann ja nur etwas aus mir herausgehen, was durch mich durchgegangen ist. Ich weiß es noch wie heute, was er sagte: »Johannes, Gnade kommt vom alten deutschen Wort ›genahen‹. Also immer, wenn Gott den Menschen nahe ist, geschieht Gnade.« »Aber das ist er doch immer«, antwortete ich verdutzt. Diese Reaktion hatte er wohl vorhergesehen und er antwortete lächelnd: »Ja, du hast es verstanden.« Ich wünsche mir, dass wir Menschen uns das immer wieder bewusst machen: Wir leben in der Gnade. Ein ganzes Semester Dogmatikstudium in einem Satz! So einfach kann spirituelle Theologie sein. Dass ich Joseph Keller dafür heute noch dankbar bin, versteht sich von selbst.

Gott denkt für uns – fast möchte ich sagen: natürlich – keine Gedanken des Unheils, sondern des Heils, wohnt er doch in uns. Er gibt uns Zukunft und Hoffnung, so schreibt Jeremia (29,11b–12). 1978 war dies das Motto des 85. Katholikentages in Freiburg. Damals war ich Theologiestudent. Über 80.000 Menschen kamen zusammen, davon über dreißig Prozent Jugendliche und junge Erwachsene. Er stand unter dem Motto: »Ich will euch Zukunft und Hoffnung geben«. Alfons Deissler, damals mein hochverehrter Professor in biblischer Theologie, erzählte uns ganz begeistert, dass dies das erste Mal sei, dass ein Leitwort eines Katholikentages aus dem Alten Testament genommen sei. Es hatte große Ausstrahlung weit über diese Veranstaltung hinaus. Der Wille Jahwes nach Zukunft und Hoffnung für alle wurde so in die Welt hinausgetragen, wenige Jahre nach dem epochemachenden Zweiten Vatikanischen Konzil (1962–1965), der Studie des Club of Rome zu den »Grenzen des Wachstums« (1970) und kurz nach der Würzburger Synode (1971–1975). Viele von uns jungen Theologiestudierenden hat dieses Leitwort geprägt und an eine rosige Zukunft der Kirche, ja der ganzen Welt glauben lassen. Heute, rund fünfzig Jahre später, hat sich die Welt, auch die Kirche, weitergedreht in eine Richtung, die wir damals nicht erwartet, aber doch irgendwie befürchtet hatten. Oft blicke ich wehmütig zurück in eine Zeit, in der eine mitreißende Aufbruchsstimmung herrschte. Heute erlebe ich dagegen oft einen hoffnungs-losen Geist, viele sind ausgetreten, haben sich, innerlich resigniert, von den verfassten Kirchen – nicht von Glauben und Spiritualität! – abgewendet, und das nicht nur wegen der vielen Missbrauchsfälle. Dennoch oder gerade deswegen gilt nach wie vor diese Verheißung des »Ich bin für euch da« durch den Mund des Propheten Jeremia. Für mich sind nach wie vor Perspektivlosigkeit und Hoffnungslosigkeit keine Kategorien meines Lebens. Mystische Spiritualität hilft mir, selbstbewusst meinen Weg zu gehen, die wunderbare Botschaft des Christentums in den Vordergrund zu stellen und nicht die ermüdenden jämmerlichen Diskussionen um kirchliche Strukturen, die sich immer nur um sich selbst drehen.

In den beiden obigen Versen aus dem Jeremiabuch stehen noch andere Worte, die ebenfalls spirituelle Sprengkraft haben: »Ihr werdet mich anrufen, ihr werdet kommen und zu mir beten und ich werde euch erhören.« Es geht um die Zusage Jahwes, dass er unser Beten erhören wird, und zwar ohne Bedingungen zu stellen. Diese Zusage bei Jeremia ist über zweieinhalbtausend Jahre alt, und immer noch heißt die Antwort der Gemeinde in vielen liturgischen Fürbitten und der entsprechenden Literatur nach einer ausformulierten Bitte: »Wir bitten dich, erhöre uns«, »Herr, erhöre uns«, »Herr, erbarme dich« oder Ähnliches mehr. In den oben schon erwähnten Litaneien (Gotteslob 556ff) wird mir vor lauter Erhörungsbitten beinahe schwindelig. Dabei fußt die Zusage Jahwes, dass er uns erhören wird, beileibe nicht nur auf dieser Textstelle in Jeremia 29,12.

Wenn ich solche Antworten höre, frage ich mich zum einen, welches Gottesbild dahintersteht, und zum anderen, welches Gottesbild den Gemeinden vermittelt wird. Dabei komme ich immer wieder zum selben Ergebnis: Die Betenden haben Angst, dass Jahwe sie nicht erhört, und bringen das in der Bitte zum Ausdruck – trotz der klaren Zusage Gottes, dass er die Bitten erhören wird. Für mich ist das auch ein Ausdruck des Unglaubens der Verantwortlichen, der sich so immer weiter verbreitet. Ich gehe sogar noch einen Schritt weiter und unterstelle denen, die Gottesdienste vorbereiten und halten, dabei Absicht, um die Gläubigen kleinzuhalten. Über Menschen, die Angst vor Gott haben, ist meist besser und leichter Macht auszuüben als mit selbstbewussten Gemeindemitgliedern zu leben, die wissen und es immer wieder hören, dass sie von Jahwe erhörte Menschen sind. Wir bewegen uns hier am Rande des spirituellen Missbrauchs ganzer Gemeinden. Es wird höchste Zeit, dass hier ein grundlegender Prozess des Umdenkens angestoßen wird, weg von ängstlichem Bitten hin zu überzeugter und überzeugender Nähe Gottes. Trotz allem bleibt aber die Zusage Jahwes: »Ich werde euch erhören«, und sie ist nicht zu überhören – hoffentlich für immer mehr Menschen!

Oft frage ich mich angesichts der Glaubenstatsache, dass Gott der »Ich bin für euch da« ist, dass er in seinem Volk wohnt, uns erhört, uns segnet, ob er nicht doch irgendetwas von uns Menschen erwartet, damit er all das ist beziehungsweise tut. Viele sagen auch heute noch, dass Opfer bringen, Buße tun oder Sühne leisten sozusagen die »Gaben« sind, die Gott als Gegenleistung erwartet. Die biblischen Schriften geben hier wie gesehen eine klare Auskunft: Nein. Gott tut das alles in souveräner Freiheit, in seiner Gnade, seiner Nähe, seiner Liebe zu uns Menschen. Dennoch höre ich Einwände wie zum Beispiel, »aber wir müssen doch opfern, Buße tun, Sühne leisten«. Nein, das alles müssen wir nicht!

Mir fällt dazu eine Szene ein, die ich vor Jahren mit einem Dienstvorgesetzten erlebt habe. Ich fragte ihn: »Was muss ich tun, damit mir Gott die Sünden vergibt?« Seine Antwort kam wie aus der Pistole geschossen: »Opfer bringen.« »Nein«, antwortete ich, »ich muss sündigen!« Einigermaßen verdattert und kommentarlos ging er davon. In mir tat sich nicht erst ab diesem Zeitpunkt die Frage auf, wie es sich mit dem Opferbringen für Gott verhält, ist das doch ein zentraler Begriff und Glaubensinhalt im spirituellen Leben vieler christlicher Menschen. Man meint, ein gottgefälliges Werk zu tun, indem man ihm irgendeinen Sachwert, eine Pflanze, Gebete oder etwas Ähnliches »opfert«. Für mich steckt dahinter ein im wahrsten Sinne frag-würdiges, aber weit verbreitetes Gottesbild: Hat Gott tatsächlich Gefallen an rauchenden Pflanzen, vielen Gebeten oder sonstigen Dingen? Ist es tatsächlich so, dass Gott behauptet, alle Menschen seien Sünder, und um ihn versöhnlich zu stimmen oder diese Sünden vergeben zu bekommen, müssten sie Opfer bringen? Ich frage mich, wie es zu solch einer Theologie kommt, die freilich sehr alt ist. Schon bei Kain und Abel ist der Opfergedanke bekannt und auch Noah brachte auf einem Altar Brandopfer dar. Deren angenehmer Duft brachte Gott zu seinem Versprechen, nie mehr eine Flut auf die Erde zu schicken. Schon früh regte sich im Judentum Widerstand gegen das ausufernde Opferbringen. Die Tempelpriester hatten nämlich damals alle Hände voll zu tun und es herrschte beinahe etwas wie Priestermangel. Die

Propheten lehnten sich im siebten Jahrhundert vor Christus mit aller Kraft gegen diesen Opferkult auf, nachzulesen zum Beispiel in Hosea 6,6. Der Prophet schreibt schon um 750 vor Christus dem Volk ins Stammbuch, dass Gott an Liebe gefallen hat, nicht an Schlachtopfern, an der Erkenntnis Gottes, nicht an Brandopfern. Ich glaube nicht, dass dies dem Tempelbetrieb sehr förderlich war. Die jüdische Religion hat später tatsächlich endgültig das Opferbringen abgeschafft, als der Tempel, die Opferstätte schlechthin, 70 nach Christus zerstört wurde.

Auch Jesus hat sich zu seinen Lebzeiten vehement gegen die Opferbräuche ausgesprochen – einmal sogar in großer Wut und mit der Peitsche in der Hand im Tempel (Johannes 2,13–25). Dabei stand er in gut prophetischer Tradition mit seinem deutlichen und entscheidenden Ruf: »Liebe will ich, nicht Opfer!« Dass Jesus selbst dann zum Opferlamm gemacht wurde, dass dies sogar eine Kernbotschaft des Christlichen ist (vgl. die Abendmahlsworte), kann ich hier leider nicht weiter verfolgen. Nach herrschender Meinung der meisten ExegetInnen heute hat sich der historische Jesus wohl nicht als Opferlamm gesehen. Für das Thema der mystischen Spiritualität ist in diesem Zusammenhang das Wort der Propheten und in ihrer Tradition das Wort Jesu wichtig: »Liebe will ich, nicht Opfer!« Und damit bin ich wieder bei der Ausgangsfrage: Will Gott überhaupt irgendetwas als Gegenleistung? Wenn Jahwe überhaupt etwas will, dann sind es Liebe, Barmherzigkeit, Mitmenschlichkeit, aber nicht als Voraussetzung seines Bei-uns-Seins, sondern als Antwort auf sein Handeln an uns Menschen. Dann hätten wir also das bedingungslose Da-Sein Gottes gegen einen mitmenschlichen, ja mitgeschöpflichen Lebensstil unsererseits. Das wäre doch ein Tausch, oder?

- *Ich mache mir immer wieder bewusst:*
  Wir alle leben in der Gnade Gottes, Jahwe ist nahe.
- *Ich mache mir bewusst:*
  Immer, wenn ich zu Gott bete, ihn um etwas bitte, erhört er mich, noch bevor ich die Worte gedacht und ausgesprochen habe. Dies ist seine feste Zusage. Ich brauche keine Angst zu haben, dass ich nicht erhört werde. Von diesem Glauben erzähle ich anderen und schaffe so eine Solidargemeinschaft.

Mystische Spuren im Zweiten (Neuen) Testament

Das Erste Testament erzählt die Geschichte des christlich-jüdischen Gottes mit seinem Volk über einen Zeitraum von vielen hundert Jahren. Das Zweite Testament beschäftigt sich dann vom Stammbaum Jesu bis zum Ende des Buches der Offenbarung des Johannes mit dem alles überstrahlenden Jubelschrei am Ende der Zeiten: »*Marana tha*«, »Komm, Herr Jesus«, zeige endgültig, wer und wie das Reich Gottes wirklich ist. Beide Testamente tun dies in verschiedensten literarischen Arten und Gattungen. Eines ist aber allen gemeinsam: Es geht um die Geschichte Gottes, des »Ich bin für euch da«, mit seinem Volk. In den meisten Schriften kommt der umfassende Heilswille Jahwes zum Ausdruck, sodass ich, ohne die anderen Völker und Religionen zu vereinnahmen, von der Geschichte Gottes mit uns Menschen sprechen möchte. »Ich bin für euch da« ist ein Gott für Welt und Mensch, ihnen so sehr in Liebe zugeneigt, dass sogar Jesus, sein Sohn, unser »Bruder Mensch« oder auch »Bruder Gott« wird. Die Geschichte unseres Bruders Jesus wird uns in den vier Evangelien (Matthäus, Markus, Lukas und Johannes) gleich zu Beginn des Zweiten Testaments erzählt. Mir geht es hier wie bei den Ausführungen zum Ersten Testament darum, ausgewählte Begriffe, in denen die mystische Spiritualität besonders deutlich zum Ausdruck kommt, aufzuzeigen und für den Glauben von uns heutigen Menschen fruchtbar zu machen.

Beginnen wir mit Worten Jesu, des »Liebhabers des Lebens aus Nazaret«, wie ihn Pierre Stutz in seinen Schriften oft so treffend nennt. Zunächst stellt sich die grundsätzliche Frage: Ist Jesus überhaupt ein Mystiker? Er lebte vor mehr als zweitausend Jahren, das Wort »Mystik« entstand erst im 17. Jahrhundert, wie oben gesehen. Also hat man den Titel des Mystikers viel später auf Jesus angewandt. Ich denke, absolut zu Recht, denn schon sein Name weist auf die Nähe Gottes hin: Jeschua, aus dem Hebräisch-Aramäischen (Aramäisch war die Muttersprache Jesu) übersetzt, bedeutet: »Jahwe ist Heil«. Im Sohn Gottes ist der Welt Heil geschehen, ist sie vom Grundsatz heil, erlöst, geworden – noch mehr, als sie es vorher schon war (siehe oben). Die Erlösung hat einen Namen bekommen: Jesus Christus. Deshalb gefällt mir das leider als altmodisch verschriene Wort »Heiland« für Jesus sehr gut, freilich nicht wie in dem bekannten Kinderreim: »Heile, heile Segen, drei Tage Regen, drei Tage Schnee, tut nicht mehr weh«, sondern in einem umfassenden Sinn verstanden, dass in Jesus, der als Sohn Gottes Bruder Mensch geworden ist, Gott ein für alle Mal gezeigt hat, wie wichtig ihm der Mensch, ja die ganze Schöpfung ist. Dieser »universelle Heilswille« Gottes ist unumkehrbar und in der Glaubensgeschichte einmalig. In keiner Religion dieser Welt außer dem Christentum wird Gott Bruder der Menschen. Für mich – dieses Bekenntnis sei mir gestattet – ist dies der tiefste Grund, dass ich Christ bin. Das bringt meinen Glauben zum Ausdruck, was aber die übrigen Religionen dieser Welt in keiner Weise abwertet.

Im Jahr 2000 hat der Karlsruher Professor für Religionspädagogik Helmut Jaschke in seinem noch immer sehr lesenswerten Buch »Jesus, der Mystiker« eine Lesehilfe gegeben, Jesus konsequent von seiner in der jüdischen Tradition gründenden, unmittelbaren Erfahrung mit Gott her zu verstehen: Gott ist nicht zugleich der strafende und barmherzige Gott, sondern er ist wie der mütterliche Vater im Gleichnis vom barmherzigen Vater (Lk 15). Das Gottesbild Jesu kennt keine Ambivalenz, die den Menschen zwischen Angst und Hoffnung hin und her wirft, ob Gott denn ein rächender oder barmherziger Gott sei.

Jesu »Gebot« der Feindesliebe

Der im Hinblick auf eine mystische Spiritualität interessante Vers stammt aus der sogenannten Bergpredigt Jesu im Matthäusevangelium (Matthäus 5,44f), die auch als »Feldrede« bei Lukas (Lukas 6,27–36ff) mit ähnlichem Text überliefert ist. Hier handelt es sich um einen der umstrittensten Texte des gesamten Neuen Testaments, auch wenn er wohl ursprünglich zu den originalen Worten Jesu gezählt werden darf. Kann man das – seinen Feind lieben? Oder gar: Muss man das, wenn man ChristIn sein will? Unmöglich, sagen die einen, unbedingt, sagen die anderen, denn wenn man ihn liebt, dann ist er kein Feind mehr. Darüber lässt sich trefflich streiten, umso mehr, wenn die Frage hinzukommt, ob mit der Bergpredigt Politik gemacht werden kann. Meterweise Literatur füllt zu diesem Zweck die Bibliotheken.

Meine Frage ist eine andere: Ist die Bergpredigt im Allgemeinen und die Feindesliebe im Besonderen überhaupt ein »Gebot«? Der Begriff begegnet uns noch klarer im Ersten Testament im Buch Exodus / 2 Mose 20. Hier haben wir gesehen, dass die Zehn Gebote eigentlich Spielregeln für das Zusammenleben des Volkes Israel in Frieden und Freiheit sind.

Mit der Bergpredigt beziehungsweise dem Gebot der Feindesliebe verhält es sich ähnlich. Jesus als Sohn spricht selbstverständlich von Gott als seinem Vater und gebraucht für die Menschen das Wort »Kinder«. Dies soll sie aber nicht verniedlichen und verharmlosen und ist auch kein Argument dafür, dass Gott die Menschen als unmündige Kinder betrachtet. Um darzustellen, was Gott für alle Menschen ist, verwendet Jesus zwei Bilder aus der Natur, die allgemein gebräuchlich und auch verständlich sind. Zunächst das Bild von der Sonne und dem Regen – etwas, das alle zum Leben brauchen. Gott unterscheidet bei den täglichen Bedürfnissen nicht in Gut oder Böse, Recht oder Unrecht, er gibt allen, wie sie es benötigen, nach dem Motto: Jedem das Seine, nicht jedem das Gleiche. Und wenn Gott schon so zu allen ist, dass es für ihn nicht Freund oder Feind gibt, dann braucht es auch unter den Menschen keine Feinde, oder anders ausgedrückt: dann können wir unsere Feinde lieben und für die, die uns verfolgen, bitten. Gott tritt in Vorleistung, er zeigt, wie es geht, wir müssen es »nur« nachmachen. Oder wie es Harald Nägeli, der Sprayer von Zürich, einmal an die Wand schrieb: »Mach's wie Gott, werde Mensch!«

Jesu Zusage
»Ich bin immer bei euch«

Der immer wieder als »Taufbefehl« bezeichnete Schlussabschnitt des Matthäusevangeliums (28,16–20) ist für die Spurensuche nach mystischer Spiritualität im Neuen Testament nicht zu überschätzen, vor allem der letzte Satz: »Ich bin bei euch, alle Tage bis zum Ende der Welt.« Was könnten wir für eine befreite und befreiende, angstfreie Spiritualität leben, würden sich alle diesen wichtigen Satz so zu Herzen nehmen wie andere aus dem Evangelium. Zahllose Lieder und Gebete müssten umgeschrieben werden, in denen mehr oder weniger verzweifelt gerufen wird: »Komm zu uns, Herr«, »Bleibe bei uns, Herr«, »Sei bei deinem Volk« und andere Rufe. Dabei macht diese Stelle aus dem Matthäusevangelium andere, die ebenso im Zweiten Testament stehen, nicht ungeschrieben, zum Beispiel den Satz der Emmausjünger: »Bleibe bei uns, denn es will Abend werden.« Sie lässt sie aber in einem anderen Licht erscheinen. Jesus ist gegenwärtig und wir dürfen uns dies dankbar immer wieder bewusst machen. Natürlich ist er auch gegenwärtig in Brot und Wein, aber eben nicht nur dort. Jesu Gegenwart erstreckt sich auf alle Tage des Lebens, bei und in allen Menschen, und ist völlig unabhängig von der Anwesenheit geweihter Amtsträger oder bestimmter Feiern beziehungsweise Riten. Hätten die Verfasser der Bibel dies deutlich machen oder aussagen wollen, hätten sie es so geschrieben. Aber das taten sie nicht. Jede und jeder von uns darf sich als »Christusträgerin« beziehungsweise »Christusträger« (Christophora, Christophorus) fühlen und ist es. Das verleiht uns allen eine große Würde. In der Eucharistiefeier hören wir: »Wir heißen Kinder Gottes und sind es, daher dürfen wir voll Vertrauen sprechen: Vater unser ...« Nach dem Friedensgruß vor der Kommunion betet dann aber die Gemeinde: »Herr, ich bin nicht würdig, dass du eingehst unter mein Dach, aber sprich nur ein Wort, so wird meine Seele gesund.« Auf die wunderbare Zusage, dass wir alle Menschen Gottes sind und eine entsprechende Würde haben, folgt dann leider dieses Zitat des Hauptmanns von Kafarnaum, einem Mann des Militärs (Lukas 7,1–10). Seine Logik ist die von Befehl und Gehorsam. Der Schwerpunkt liegt hier auf dem Wort: »Sprich nur ein Wort, so wird meine Seele gesund«, nicht auf der Unwürdigkeit der Menschen. Viele, mit denen ich spreche, stört das Zitat zu Recht, sie sagen verärgert: »Und dann bekommt man vor der Kommunion noch eins auf's Dach!« Dabei ist Gottes Liebe zu uns Menschen so groß, dass er uns sogar gestattet, ihn zu essen. Natürlich kann man das alles mehr oder weniger kompliziert aus der Geschichte der Liturgie erklären und letztlich ergibt es so vielleicht sogar Sinn, aber wie befreiender, klarer und theologisch genauso richtig wäre eine Formulierung wie beispielsweise: »Jesus, ich freue mich, dass du in Gestalt von Brot und Wein jetzt zu mir kommst. Du sprichst zu mir dein heilendes Wort, das mich aus dir leben lässt.« Freilich wäre das eine große Umstellung, aber aus purer Bequemlichkeit an einer Tradition festzuhalten, ist auch nicht zielführend. Schließlich ist Tradition nicht das Hüten von Asche, sondern das Weitergeben von Feuer. Zudem sagt Jesus in Matthäus 28,20, wir sollten alles befolgen, was er uns geboten hat. Von Kirchenrecht war da nicht die Rede!

In Lukas 17,21 nimmt Jesus für sich in Anspruch, dass mit ihm das Reich Gottes zu den Menschen gekommen ist. Es ist also da. Auch wenn es im Vaterunser heißt: »Dein Reich komme«, ist Jesus überzeugt, dass es bereits gegenwärtig ist, dass wir alle am Reich Gottes teilhaben. Wenn wir darunter die »heile Welt« verstehen, die es nie geben wird, müssen wir das Reich Gottes ins Jenseits verlegen. Aber dass es hier und jetzt möglich ist, am Reich Gottes teilzuhaben, ist leider häufig untergegangen, wohl auch schon zur Zeit der Entstehung der neutestamentlichen Schriften. Ernesto Cardenal, Dichter und Priester aus Nicaragua, dem ich ein paarmal persönlich begegnen durfte, beschreibt diese Teilhabe folgendermaßen: »Und wir sehen schon die Lichter und hören schon die Musik. So beflügelt, mit dem Schein der Lichter in den Augen, dem Klang der Instrumente in den Ohren, dem Geschmack des Weins auf der Zunge, können wir uns den Mächten stellen, die unser Leben beeinflussen wollen. Und wir können unser Leben auf die Zusage bauen: Das Reich Gottes ist mitten unter uns.«

Nicht umsonst hat Leo Tolstoi seine Schrift aus den 1890er-Jahren – ein Schlüsseltext für seine Kirchenkritik, sein religiöses Verständnis und seine Ethik – mit dem Titel »Das Reich Gottes ist in euch« in Anlehnung an Lukas 17,21 versehen. »Das Reich Gottes ist in euch«, also in den Menschen, in allen, die damals um Jesus herumstanden und ganz gewiss auch in denen, die ihm bis heute nachfolgen. Wir alle tragen, was Jesus »Reich Gottes« nennt, in uns. An uns ist es nur noch, das als Antwort auf dieses großartige Geschenk Gottes in unserem konkreten Alltag mit unserem Leben zu erfüllen.

Übungen für den Alltag

- *Ich mache mir bewusst: Jesu Gegenwart erstreckt sich auf alle Tage des Lebens, bei und in allen Menschen, immer, und ist völlig unabhängig von der Anwesenheit geweihter Amtsträger oder bestimmter Feiern oder Riten.*
- *Ich meditiere den Satz: »Wir heißen Kinder Gottes und sind es.«*
- *Ich bete immer wieder: »Jesus, ich freue mich, dass du bei mir bist. Du sprichst zu mir dein heilendes Wort, das mich aus dir leben lässt.«*
- *Ich mache mir bewusst, dass ich hier und jetzt am Reich Gottes teilhabe. In jedem Menschen ist das Reich Gottes gegenwärtig. Womit kann ich in meinem Leben Antwort auf dieses großartige Geschenk geben?*

Mystische Spiritualität im Johannesevangelium

Das Johannesevangelium gilt nicht zu Unrecht als das mystischste der vier Evangelien. Für mich wird dies am deutlichsten darin, dass das vierte Evangelium anstatt von der Einsetzung des Abendmahls von der Fußwaschung Jesu (Johannes 13,1–15) erzählt. Anderen die Füße zu waschen ist eine Handlung, die von vielen als erniedrigend empfunden wird. Jesus tut dies, um seinen Jüngern deutlich zu machen, worum es ihm geht: Er wusch einem nach dem anderen die vom Straßendreck und Wüstenstaub sicher schmutzigen Füße und verrichtete so einen Dienst, den sonst Sklaven taten. Wahrscheinlich waren alle Jünger fassungslos, nicht nur Petrus, der das rundweg ablehnte. Diese Fassungslosigkeit ist die Voraussetzung dafür, dass Jesus erklären kann, was er damit bezweckt. Er gibt ein Beispiel, damit auch die Jünger tun, wie er es getan hat: dienend füreinander und miteinander da zu sein. Jesus tut zuerst, was er von den Seinen verlangt. Er hätte auch sagen können: »Geht und wascht den Armen die Füße, dann reden wir darüber, und vielleicht mache ich es bei euch dann genauso.« Doch er verrichtet selbst zunächst den Sklavendienst, bedingungslos, aus Liebe zu den Seinen.

Schon im Vorwort (Johannes 1,1–5.14), dem berühmten »*Logos*-Hymnus«, atmet das vierte Evangelium förmlich mystische Spiritualität: Das griechische Wort *logos* wurde mit dem deutschen Begriff »Wort« übersetzt. Dabei lohnt es sich, genau hinzuschauen. *Logos* meint nicht nur »Wort« im Sinn von Sprache, salopp formuliert: »Am Anfang war Sprache, Gerede, Geschwätz.« Die tiefere Bedeutung ist auch »Beziehung«, »Begegnung« – also eine Voraussetzung für das persönliche Gespräch miteinander. Ich lese es so: »*Am Anfang war die Beziehung und die Beziehung war bei Gott und Gott war die Beziehung. Diese war im Anfang bei Gott. Alles ist durch die Beziehung geworden, und ohne sie wurde nichts, was geworden ist. In ihr war das Leben und das Leben war das Licht der Menschen. Und das Licht leuchtete in der Finsternis und die Finsternis hat es nicht erfasst. Und die Beziehung ist Fleisch geworden und hat unter uns gewohnt und wir haben seine Herrlichkeit geschaut, die Herrlichkeit des einzigen Sohnes vom Vater, voll Gnade und Wahrheit.*« Obwohl dieser Hymnus aus dem griechischen Sprachraum kommt, möchte ich ihn von der Bedeutung her mit dem Gottesnamen »Ich bin für euch da« im Ersten Testament in Verbindung bringen, denn in ihm drückt sich sehr klar ein Beziehungsgeschehen zwischen Jahwe und seinem Volk aus. Wie will man ohne Beziehung füreinander da sein?

Johannes stellt ganz zu Beginn nüchtern fest, dass Gott von Anfang an Beziehung war und es somit auch bis heute ist. Nun kann man spekulieren, mit wem Gott in Beziehung war und kommt dann natürlich sehr schnell auf die Dreifaltigkeit: mütterlicher Vater, Sohn und Heilige Geistkraft. Das ist zweifellos richtig und wird seit Jahrhunderten so erforscht und erklärt. Mein Anliegen bleibt aber, deutlich zu machen, was diese Beziehung mit unserem Leben und Glauben heute zu tun hat. Dann bin ich schnell bei der Beziehung Gottes zu uns Menschen, zur Schöpfung. Aus der Beziehungskraft Gottes ist die Schöpfung entstanden, selbstverständlich nicht in naturwissenschaftlicher Hinsicht. Die Bibel erklärt nicht das »Wie«, sondern das »Warum« – so wie Naturwissenschaftler eine Rose anders erklären als ein liebender Mensch, der sie an die geliebte Person verschenkt. Ich kann also sagen, die Schöpfung und letztlich auch wir Menschen sind aus der beziehungsschaffenden Liebe Gottes zu ihr, zu uns entstanden. Ohne diese wären wir nicht da. Diese Beziehung, Gott, ist »Fleisch geworden und wohnt unter uns. Aus seiner Fülle haben wir alle empfangen und empfangen wir immer noch«. Alle, die sich dieses Schöpfungswort zu Herzen nehmen, sind sich bewusst, dass sie die Würde haben, Gottes Sohn beziehungsweise Tochter zu sein. Mein Leben hat seine Richtung und seine Herkunft: »Ich bin für euch da«.

Das »Evangelium in leichter Sprache« ist ein sehr begrüßenswertes Projekt des Katholischen Bibelwerkes, um die oft schwer verständliche Sprache der Evangelien möglichst vielen Menschen als frohmachende Botschaft nahezubringen und dennoch eine theologisch fundierte

Übersetzung zu liefern. Auch für mein Anliegen, Spuren mystischer Spiritualität zu entdecken, leistet sie gute Dienste, zum Beispiel in der Szene, in der Jesus Johannes dem Täufer am Jordan begegnet und dieser ihn zunächst nicht taufen will (Johannes 1,19–28). In großer Klarheit und Einfachheit weist Johannes in dieser Übersetzung auf Jesus hin und sagt, dass dieser nämlich schon da ist. Jesus ist mitten unter uns, und das wird er auch bleiben, wie er am Ende des Matthäusevangeliums zugesagt hat. Das ist für alle Glaubenden eine Frohe Botschaft mitten im Evangelium.

Eine weitere wichtige Stelle im Johannesevangelium sind die Verse 34–36 im Kapitel 10. Mitten in der Erzählung des Tempelweihfestes, bei dem der Beschluss gefasst wurde, Jesus zu töten, zitiert der Text einen Psalmvers, der außerhalb dieser Stelle im Johannesevangelium nur in Fachkreisen bekannt ist, nämlich Psalm 82,6: »Ich habe gesagt: Ihr seid Götter, ihr alle seid Söhne des Höchsten.« Es handelt sich gleichsam um das »Kleingedruckte mystischer Spiritualität«. Gott bezeichnet alle als »Götter, als Söhne des Höchsten«. Jesus benutzt dieses Zitat zu seiner Verteidigung, als man ihn steinigen will, und sagt damit, dass Gott alle, an die sein Wort ergangen ist, Götter, Söhne und Töchter des Höchsten genannt hat. Fraglos ist das Wort Jahwes auch an uns alle ergangen, weswegen wir – es fällt mir nicht leicht, das zu schreiben – Götter sind. Das ist noch eine Stufe mehr, als dass in uns Gott wohnt. Es steht aber fraglos in der Bibel, dem »Wort des lebendigen Gottes«. Das macht mich sprachlos, aber froh.

An einer weiteren Stelle im Johannesevangelium wird die jahrhundertealte Frage erneut gestellt, wo eigentlich Gott wohnt, obwohl sie ja im Ersten Testament bereits beantwortet wurde. »Im Himmel wohnt er« – diese Antwort habe ich zuallermeist bekommen, wenn ich jemanden in meinem Umfeld danach gefragt habe. Jetzt könnte man erneut lange darüber diskutieren, wo der Himmel ist. Die Frage lässt sich mit einem kurzen Blick nach oben beantworten. Doch wo dort oben ist nun eigentlich Gott? Und was ist der Himmel überhaupt? Das hängt ganz davon ab, wen man fragt – einen Astronomen oder einen spirituellen Menschen. Im christlichen Weltbild ist der Himmel der Ort, an dem sich Gott befindet. Schauen wir in Johannes 14,23ff, dann lesen wir eine andere Antwort, im Grunde dieselbe wie in Psalm 91,9, Ezechiel 37,27 oder Zefanja 3,17: Die Wohnung Gottes ist der lebendige Mensch. Wenn also der Himmel die Wohnung Gottes ist, ist logischerweise der Mensch der Himmel. Der ganze Mensch ist bei beziehungsweise in Gott. Dorothy Day, eine der markantesten Gestalten der katholischen Kirche der Neuzeit in den USA, wurde berühmt mit dem Ausspruch: »Der ganze Weg zum Himmel ist Himmel.« Mit anderen Worten: Der Himmel ist geerdet und die Erde »angehimmelt«.

Kommen wir noch einmal zurück zu der uralten Frage: Wo wohnt Gott? Menschen aller Zeiten haben sie gestellt. Und die Antworten sind vielfältig: Gott wohnt im Himmel. Gott wohnt in der Natur. Den alten Völkern haben die Gestirne als Wohnsitze des Göttlichen gegolten. Auch Berge, Felsen, Quellen, Flüsse, Bäume sahen sie als Wohnstätten der Götter. Tatsächlich ist Gott gegenwärtig in seiner Schöpfung. Aber seine Gegenwart ist nicht auf bestimmte Bereiche beschränkt. »Überall ist er ..., Höhen, Tiefen, sie sind sein«, heißt es in einem Lied (Gotteslob 140). Franz von Assisi schaute in allem Gott. Und der heilige Ignatius lehrte, »Gott zu finden in allen Dingen«. Gott ist gegenwärtig, er begegnet uns und wir begegnen ihm. »In ihm leben wir, bewegen wir uns und sind wir«, sagt Paulus den Athenern auf dem Areopag (Apostelgeschichte 16,17–34). Gott wohnt unter den Menschen, in seinem Volk. Das ist die Botschaft, die die Bibel immer wieder hervorhebt.

In Johannes 14,23ff wird all das noch einmal überboten. Da sagt Jesus, dass der Vater und er in jedem einzelnen Menschen Wohnung nehmen. Gott wohnt in uns, sagt nicht nur das Erste Testament, sondern Jesus Christus höchstpersönlich. Das ist für mich *die* Frohe Botschaft, die froheste aller Frohbotschaften, Quelle der Freude und der Zuversicht: Gott ist nicht nur im Himmel, nicht nur in seiner Schöpfung. Gott ist nicht nur in einem Haus aus Stein, auch nicht nur in seinem Volk und in seiner Gemeinde, nicht nur im Tabernakel in Gestalt des Brotes, sondern darüber hinaus in jedem Menschen, auch in mir. Das ist für mich ein nie ganz zu fassendes Geheimnis, eine nie ganz zu begreifende Wahrheit. Ich muss es mir immer wieder vorsagen und es mir immer wieder bewusst machen. Ich würde mir wünschen, dass uns das auch von »professionellen Glaubensvermittlern« immer wieder zugesagt wird.

Übungen für den Alltag

- *Ich mache mir bewusst, dass ich – wie alle Menschen – die Würde habe, Gottes Sohn beziehungsweise Tochter zu sein.*
- *Ich lese Psalm 82,6: »Ihr alle seid Götter«, und mache mir bewusst, dass dies auch für mich gilt.*
- *Ich mache es mir immer wieder bewusst: Gott wohnt in jedem Menschen, auch in mir. Das ist unsere Identität. Das ist unsere Würde als Menschen.*

Jesus, der daseiend Wiederkommende

Die Apostelgeschichte bildet den zweiten Teil des sogenannten »lukanischen Doppelwerkes«, indem sie an das Lukasevangelium anschließt. In dieser »Werbeschrift«, entstanden um 90 nach Christus, wird von den Gründungen der Gemeinden und der Verbreitung des Christentums im Römischen Reich erzählt. Die 28 Kapitel beginnen mit einem sehr kurz gehaltenen Bericht über die Zeit nach Ostern, in der Jesus Christus in der Nähe Jerusalems für vierzig Tage den Aposteln erscheint und dann in den Himmel aufgenommen wird. Genau in dieser schmerzlichen Abschiedssituation sagen zwei Männer in weißen Gewändern (ein Symbol für die Freude) zu den Aposteln, dass Jesus nicht für immer wegbleiben, sondern sichtbar wiederkommen wird (Apostelgeschichte 1,11). Das macht sie in ihrem Glauben zuversichtlich, sie können getrost wieder in ihren Alltag zurückkehren und müssen nicht mehr dastehen und zum Himmel emporschauen. Diese Zusage gilt auch für Menschen im 21. Jahrhundert, denn Jesus ist wiedergekommen und wird bei uns bleiben bis ans Ende der Zeiten. Die Szene in Apostelgeschichte 1,11 erinnert mich an einen Reim, den ich einmal gehört habe: »Schaut beim Halleluja und Loben nicht immer nach oben, schaut mal zur Seite, dann seht ihr die Pleite.« Das spielt auf die immer leerer werdenden Kirchen an und entspringt wohl der leider im Moment herrschenden depressiven Stimmung vieler Kirchenverantwortlicher. Mystische Spiritualität kann hier weiterhelfen und Mut machen.

Paulus – ein Mystiker?

Nach einem kurzen und unvollständigen Ausflug in die mystische Spiritualität der Evangelien und der Apostelgeschichte möchte ich mich nun einigen Schriften des Apostels Paulus zuwenden und schauen, was sie zu unserem Thema zu sagen haben.

Paulus soll Mystiker sein? Der, der zunächst Christinnen und Christen verfolgt hat und durch umstrittene Aussagen bekannt geworden ist, wie zum Beispiel, dass die Frau in der Gemeinde schweigen solle (1 Korinther 14,33b–36)? Mit diesem Vorurteil habe auch ich mich Paulus angenähert – und wurde eines Besseren belehrt.

Paulus hatte vor Damaskus ein Erlebnis, bei dem ihm der auferweckte Christus selbst »erschien« und er zu der Überzeugung kam, von Gott selbst zum Verkünder des Evangeliums berufen zu sein. Häufig spricht man in diesem Zusammenhang von der »Bekehrung« des Paulus. So setzt zum Beispiel Felix Mendelssohn Bartholdy dem Ereignis in seinem Paulus-Oratorium ein eindrückliches musikalisches Denkmal, das bis heute durch viele Kirchenräume hallt. Am 25. Januar gedenken Katholiken, Orthodoxe, Protestanten und Anglikaner sogar in einem offiziellen Fest gemeinsam der Bekehrung des Paulus. Sinnvoller erscheint es mir jedoch, von einer Berufung zu sprechen.

Denn erstens stellt sich Paulus, wenn er über sein Erlebnis spricht, in die Tradition der alttestamentlichen Prophetenberufungen (vgl. Galater 1,15). Zweitens wechselt er nicht seinen jüdischen Glauben, seine Religion. Es bleibt derselbe Gott, für den er sich in seinem bisherigen Leben voller Eifer eingesetzt hatte, der ihm nun etwas Neues offenbart: seinen Sohn, den Messias Jesus. So beginnt Paulus aufgrund dieses Erlebnisses, sein Judentum neu zu denken. Das heißt: Paulus bleibt selbstverständlich auch nach seinem Berufungserlebnis Jude, nur versteht er seinen Glauben jetzt neu und anders.

Richard Rohr, einer der weltweit wichtigsten Vertreter einer menschen- und schöpfungsfreundlichen Spiritualität, hat mich mit seinem Buch »Paulus, der unbekannte Mystiker« zusätzlich motiviert, indem er schreibt: »Sobald Sie einmal den Luftzug verspürt haben, nachdem die Tür nur einen winzigen Spalt offensteht, werden Sie selbst in der Lage sein, die Tür ganz zu öffnen. Und von hier aus wird Paulus Sie in eine sehr große, umfassende und von Hoffnung erfüllte Welt hineinführen.« Paulus ist ein faszinierender Theologe – vielleicht der erste der jungen christlichen Gemeinden –, in dem sich viele Schattierungen verbergen. Auch die des Mystikers, wie die folgende Auswahl an Perikopen zeigt.

Paulus besuchte die Gemeinde in Korinth, um sie zusammen mit Mitarbeitern aufzubauen. In Nachbereitung dieses Besuches schreibt er einen Brief an die Gemeinde. Darin bezeichnet Paulus sich und seine Gefährten als Mitarbeitende Gottes (1 Korinther 3,9), die Gemeinde ist dann bildlich gesehen das Ackerfeld oder der Bau, die Baustelle. Er, Paulus, pflanzt den Glauben in den Menschen, Apollos gießt (Teamwork bei den ersten Christengemeinden) und Gott lässt wachsen, was das Wichtigste ist.

Mir scheint gerade auch für die heutige Zeit daran wichtig, dass alle Mitarbeitende Gottes sind im Dienst der Gemeinde. Deshalb ärgere ich mich immer wieder, wenn zum Beispiel ein Pfarrer Ehrenamtliche als »meine Mitarbeitenden« vorstellt. Niemand ist MitarbeiterIn des Pfarrers oder der Gemeindeleiterin, vielmehr stehen sie gemeinsam und zusammen in Gottes Dienst. In diese Verse hinein schreibt der Apostel mit dem ihm eigenen Temperament die Zusage, dass die Gemeinde, jeder Einzelne, ein Tempel Gottes ist, in dem Gott wohnt (1 Korinther 3,16f). Wer diesen Tempel zerstört, den wird

Gott zerstören – eine gut gemeinte Warnung an alle, die solches vorhaben. Wohlgemerkt: eine Warnung, keine Vorhersage! Ein Beispiel mag das illustrieren: Wenn meine Tochter zu meinen Enkelkindern sagt: »Wenn ihr das Zimmer nicht aufräumt, dann dürft ihr nicht das Sandmännchen im Fernsehen schauen«, dann möchte sie nicht, dass sie kein Fernsehen schauen, sondern dass sie ihr Zimmer aufräumen. Genauso möchte Gott nicht Menschen zerstören, sondern er will nicht, dass Menschen sich gegenseitig umbringen.

Hier kommt die Überzeugung des Apostels zum Vorschein, dass jeder einzelne Mensch der Wohnort Gottes ist. Paulus war jüdischer Schriftgelehrter und kannte ganz bestimmt die Textstelle im Buch Ezechiel (37,26f), die dasselbe aussagt. Ihm ist das so wichtig, dass er der Gemeinde in Korinth genau das zuspricht: Ihr seid Tempel Gottes. Dabei waren die Menschen in Korinth bestimmt nicht die Frömmsten und Gläubigsten. Im Griechischen bedeutet das Wort *korinthiazesthai*, wörtlich übersetzt »leben wie die in Korinth«, Hurerei zu betreiben. Und dennoch – oder gerade deswegen – wohnt Gott in den Leuten dort. Gott macht also seinen Wohnsitz nicht von moralischer Vollkommenheit abhängig. Das galt damals in Korinth und das gilt ganz gewiss auch heute an jedem Ort dieser Welt, denn es ist die Freude Gottes, bei beziehungsweise in den Menschen zu wohnen. Paulus geht sogar noch weiter: Er bezeichnet die Korintherinnen und Korinther als heilig, da sie ja Gottes Tempel sind. Im Griechischen steht hier das Wort *hagios*, das sonst auch auf Gott angewendet wird. Höher kann man kaum vom Menschen denken. Und ich glaube nicht, dass es ein »pastoraler Trick« von Paulus war, um so die Gemeinde leichter bekehren zu können. Ich denke, er ist zutiefst von dem überzeugt, was er sagt. Und wenn das Prädikat »heilig« damals den Menschen in Korinth galt, dann gilt es auch uns heute.

Dennoch höre ich oft Menschen sagen – und sage es gelegentlich auch selbst –: »Ich bin ja kein Heiliger«, im Sinne von: »Ich bin ja ethisch nicht perfekt«. Das ist sicher richtig. Aber offenbar geht es bei diesem Wort nicht darum, sonst hätte es Paulus so nicht gesagt. Wir sind alle Heilige in dem Sinn, dass wir Wohnstatt Gottes sind, dass

Gott sich jede und jeden als solche ausgesucht hat. Das genügt, mehr braucht es nicht. So gesehen dürfen wir alle am christlichen Fest von Allerheiligen Namenstag feiern.

Hier wird – und das wird uns in der mystischen Spiritualität noch oft begegnen – dem Menschen eine völlig angstfreie, ja freundschaftliche Gottunmittelbarkeit zugesagt. So gesehen bedarf der Mensch keiner »Gnadenvermittlung« (zum Beispiel in der Sakramentenspendung) durch geweihte Amtsträger mehr – ein großer Streitpunkt in der Reformationszeit und auch heute noch. Ich gestehe gerne, dass mich der Gedanke fasziniert und nicht mehr loslässt. Nachfolgend werde ich ihn noch weiter ausführen. Für mich ganz subjektiv heißt dies, dass ich als selbstbewusster Mensch aufrecht durch mein Leben gehen kann, egal, was auch passiert. Mystische Spiritualität ereignet sich im Alltag quasi um die nächste Straßenecke herum.

In 2 Korinther 3,17–18 sagt Paulus den Adressaten zu, dass sie durch den Geist in das Bild »des Herrn« verwandelt werden. Diese beiden Verse wären es wert, ein ganzes Buch über sie zu schreiben. Hier wenigstens ein paar Hinweise, was uns diese Worte des Paulus, der übrigens ein hervorragender Theologe war und die hebräische Bibel studiert hat, heute sagen können: Wie schon an anderen Stellen gesehen, wird mit dem deutschen Wort »Herr« das griechische *Kyrios* übersetzt, was auf das hebräische *Jahwe* (»Ich bin für euch da«) zurückgeht. »Der Geist« (Maskulinum) ist hier die deutsche Übersetzung des griechischen *to pneuma* (Neutrum), was wiederum im Hebräischen *Ruach* (Femininum) heißt. Das biblische Wort vom (Heiligen) Geist ist also ursprünglich weiblichen Geschlechts und wird nicht zu Unrecht als die weibliche Seite Gottes bezeichnet, weswegen ich hier den Ausdruck »die heilige Geistkraft« wählen möchte. Paulus meint nun: Wo diese Geistkraft ist, da herrscht Freiheit – eine gewaltige Botschaft. Gott ist ein Gott der Freiheit, was, wie oben schon erwähnt, die Theologie der Befreiung auch in politisches Handeln umgesetzt hat. Doch gilt der Satz nicht nur im politischen, sondern auch im privaten Leben. Gott ermöglicht und schützt persönliche Freiheit, er macht uns zu freien, selbstverantwortlichen Menschen. Ein Ergebnis dieser Freiheit ist, dass wir alle Gott und sein Licht, seinen Glanz so sehen, wie er ist, was uns zu Gottes Abbild macht. Weil wir Gott so sehen, wie er ist, werden wir in das verwandelt, was wir vom Anfang der Schöpfung an sind: sein Ebenbild. Paulus, der sonst nicht geizt mit Hinweisen, was die Menschen tun sollen, damit etwas so wird, wie er es sich denkt, schweigt an dieser Stelle. Mir sagt das, dass wir nichts dafür tun oder leisten müssen, dass Gott es selbst ist, der uns das schenkt, und wir es einfach genießen dürfen.

Im letzten Kapitel des 2. Korintherbriefs schließt Paulus wie üblich mit Mahnungen, Gebet, Warnung und Segen. Für das Thema »mystische Spiritualität« hat 2 Korinther 13,5 eine besondere Wichtigkeit, da es jetzt um die Gemeinde geht. Nach vielen Zusagen und Mutmachen zeigt der Apostel, wie ernst er die Gemeindemitglieder nimmt, indem er sie auffordert, sich zu fragen, ob sie im Glauben stehen. Nicht nur fragen sollen sie sich, sondern sich selbst prüfen. Und er schließt sogar eine Suggestivfrage an, ob die Menschen eigentlich nicht erfahren, dass Jesus Christus in ihnen ist. Bei Paulus gibt es keine Prüfungsinstanz, die den Grad der Gläubigkeit misst, das traut er den Gemeindemitgliedern selbst zu, ihrer Erfahrung. Er fordert kein »Konversionsexamen« und stellt auch keine Katechismusfragen, die man beantworten muss, damit man dazugehören darf. Vertrauen und Erfahrung sind wichtige Kategorien für ihn. An früherer Stelle schreibt er, er sei nicht »Herrscher des Glaubens, sondern Diener der Freude der Gemeinde« (2 Korinther 1,24). Bei aller Strenge, die der Apostel zeigt: Das Vertrauen in das Gewissen der Gläubigen steht bei ihm an erster Stelle.

Und wie »funktioniert« diese Selbstprüfung? Paulus spricht in diesem Zusammenhang die Erfahrung der Menschen an und erweist sich so als typischer Mystiker, denn mystische Spiritualität ist erfahrungsbezogene Spiritualität. Glauben ist also auch hier nicht das Für-wahr-Halten von Glaubenssätzen wie zum Beispiel der Gottheit Christi, der Dreifaltigkeit oder gewisser moralischer Prinzipien, sondern Glauben ist für ihn die Erfahrung der freimachenden Liebe Gottes im Alltag. Hier spüren die Menschen, dass Gott, dass Jesus in ihnen wohnt.

Natürlich braucht es dazu Beziehung, die Möglichkeit und auch die Bereitschaft, in den Glauben hineinzuwachsen, gemeinsam mit anderen. In Familien, Partnerschaften, Gemeinschaften wird dann über freimachenden Glauben gesprochen, das Alltagsleben gedeutet und hier weisen Menschen sich gegenseitig darauf hin, dass Gott in jedem und jeder anwesend ist. Ganz konkret stelle ich mir »Lebensgruppen« vor, die sich regelmäßig treffen, sich austauschen, miteinander etwas unternehmen, das Erlebte deuten und auch feiern. Idealerweise sind das generationsübergreifende und glaubensgemischte Gruppen, denn Gott macht seine Wohnung in uns Menschen weder vom Alter noch von der Konfession beziehungsweise Religion abhängig. Ich möchte hier keine konkreteren Hinweise geben, denn ich bin überzeugt, dass Sie, die Leserinnen und Leser, so kreativ sind, sich selbst passende Modelle auszudenken.

Ein weiteres Zeugnis für Paulus als Mystiker ist sein Brief an die Gemeinde in Galatien, eine römische Provinz in der Gegend des heutigen Ankara in der Türkei. Nach Auffassung der meisten Exegeten handelt es sich um einen originalen Paulusbrief, der zwischen 54 und 55 nach Christus verfasst wurde. Er ist also älter als alle Evangelien, die nicht vor 70 nach Christus aufgeschrieben wurden. Anlass des Briefes war wohl die Nachricht, dass Missionare aufgetreten waren, die von allen Getauften die Beschneidung und die Einhaltung der jüdischen Gesetze forderten, was den Abmachungen auf dem Apostelkonzil in Jerusalem (Galater 2,1–10 und Apostelgeschichte 15) widersprach.

Paulus betont im Galaterbrief, dass der Mensch bereits durch den Glauben an Jesus Christus erlöst sei und es nichts mehr anderes brauche. Hier taucht erstmals die sogenannte Rechtfertigungslehre auf, die Paulus dann im Römerbrief ausfalten wird, die aber für das Thema »mystische Spiritualität« nicht entscheidend ist. Viel wichtiger scheint mir die Aussage des Apostels, dass Christen nicht mehr unter der Macht der Sünde stehen, sondern durch den Besitz der Heiligen Geistkraft frei und ohne Mittler zwischen Gott und Mensch in der Liebe leben können. Galater 3,26–29 macht deutlich, dass wir durch den Glauben Töchter und Söhne Gottes sind und durch nichts anderes. Paulus benutzt das Bild, dass wir Jesus angezogen haben wie ein Kleid, dass er uns gleichsam »ummantelt«. Eine sinnvolle Ergänzung zu 2 Korinther 13,5, wo er feststellt, dass Jesus in uns wohnt. So sind wir innen und außen von Jesus umgeben. Wir sind seine Wohnstatt – und zwar alle, es gibt keine Unterscheidung mehr, wir sind alle eins in Jesus Christus.

Für uns Menschen im 21. Jahrhundert scheint mir besonders wichtig, dass es keinen Unterschied mehr im Ansehen, im Wert und der Würde gibt zwischen Mann und Frau, queeren Menschen oder als wer und wie auch immer ein Mensch sich fühlt. Was diese Gleichwertigkeit angeht, besteht in der heutigen Gesellschaft gewiss ein großer Nachholbedarf, noch mehr aber in der römisch-katholischen Kirche, die leider immer noch Frauen qua Geschlecht von allen Weiheämtern ausschließt und dies auch noch als Gottes Willen deklariert (»göttliches Recht«). Eine solche Begründung stößt mit theologischer Begründung zwar mehr und mehr auf Widerstand, am Ergebnis wird sich aber wohl so schnell nichts ändern, trotz der klaren biblischen Position des Paulus und Jesus. Auch wenn der Text, in dem es darum geht, dass die Frau in der Gemeinde schweigen soll (1 Korinther 14,33b–36), etwas anderes zu sagen scheint, ist dieser späteren Ursprungs und stammt sicher nicht von Paulus, sondern ist in einer historischen Gemeinde entstanden und daher spezifisch auf deren Situation gemünzt und nicht zu verallgemeinern.

Mystische Spiritualität hat, wie wir hier sehen und noch häufiger sehen werden, nicht nur Auswirkungen auf den persönlichen Alltag, sondern auch auf aktuelle Fragen der Kirchenpolitik. Meistens sind die Antworten der Mystik nicht die derer, die Macht haben in der Kirche – leider. Da wir alle Töchter und Söhne Gottes sind, der seine Geistkraft persönlich in unsere Herzen gelegt hat, ist es nur logisch, dass wir auch seine Erben sind. Gott vererbt uns quasi sein Reich, seine Nähe, seine Gnade. Daher halte ich es für sinnvoller, nicht ständig von »Erbsünde« zu sprechen und den Menschen damit ein schlechtes Gewissen zu machen, um sie kleinzuhalten, sondern viel mehr von

»Erbgnade« zu reden und uns so bewusst zu machen, dass wir Menschen Gottes sind und Tag und Nacht in seiner Nähe leben, da er ja in uns wohnt. Mich macht diese Botschaft frei und sie motiviert mich als Christ, selbstbewusst zu agieren. Mystische Spiritualität heißt, in Gottunmittelbarkeit zu leben, es braucht dafür keine Vermittlungsinstanz. Wer in dieser Nähe lebt, kommuniziert mit Gott auf Augenhöhe und nennt ihn zärtlich »Abba«, was so viel heißt wie »Papa« – im Aramäischen, der Muttersprache Jesu, war Abba die vertrauliche Anrede des Familienvaters. Da Gott übergeschlechtlich ist, können wir ihn natürlich auch als »Mama« anreden, das tut der Zärtlichkeit – und damit dem Wesentlichen in der Gottesbeziehung – keinen Abbruch.

Das 8. Kapitel des Römerbriefes war vor allem in der Reformationszeit und ist bis heute zwischen den Konfessionen eines der umstrittensten des Neuen Testaments, vor allem wegen der hochkomplizierten sogenannten Rechtfertigungslehre des Paulus. Für das Thema dieses Buches möchte ich mich hier jedoch auf wenige Verse konzentrieren, die uns Paulus als Mystiker par excellence zeigen: Römer 8,9–11.15–17.35.

Zunächst finden wir hier wieder einmal die Feststellung, die langsam schon wunderbar vertraut klingt, dass Gottes Geistkraft in uns allen wohnt. Die Tatsache, dass dies so oft zitiert wird, zeigt, dass es fast zum biblischen Standard gehört und selbstverständlich ist. Gott wohnt in uns, in jedem und jeder, für alle gilt die schon genannte Gottunmittelbarkeit. Für Paulus ist das nicht nur in diesem Leben so, sondern auch nach dem Tod. Wie viele Ängste blieben den Menschen erspart, wenn gerade dieser Satz in der religiösen Sozialisation und Erziehung mehr im Mittelpunkt stehen würde. Nicht Angst vor dem Tod, sondern die Gewissheit, dass es nach dem Tod gut weitergeht, ist für mich zentral christlich. Ängste vor Hölle und Fegefeuer wären obsolet, ein befreiteres und erlösteres Leben wäre die Folge. Natürlich bleibt Gott Richter, aber einer, der aufrichtet, nicht zugrunde richtet. Seitens des kirchlichen Lehramtes hat man jahrhundertelang und zum Teil bis heute Menschen kleingehalten mit moralinsaurem Sündenbewusstsein, mit Angst vor Strafen und Höllenqualen. Kein Wunder, dass sich aufgeklärte, ja biblisch kundige Menschen so etwas von Verantwortlichen der Kirchen nicht mehr gefallen lassen, sich enttäuscht oder gleichgültig ab- und anderen, hoffnungsvolleren Lehren zuwenden. Ich verstehe jeden Einzelnen, der so handelt und behauptet: Menschen in Sündenangst, ja Höllenangst leben zu lassen, ist ein Verrat an der christlichen Botschaft oder sogar spiritueller Missbrauch.

Paulus geht im Römerbrief (wie schon im Galaterbrief) noch über die Vorstellung hinaus, dass wir Söhne und Töchter Gottes sind, indem er den Christen in gut orientalischer Tradition zuspricht, dass wir auch Gottes Erben und Jesu Miterben sind. Eine zugegeben unbequeme Selbstverständlichkeit setzt er voraus: Wir müssen mit Jesus leiden. Das ist aber kein Wasser auf die Mühle derer, die sagen: »Schaut, den Himmel gibt es doch nicht umsonst!« Doch, den Himmel gibt es umsonst, man kann ihn nicht herbeibeten oder ihn sich gar erkaufen oder verdienen. Mit Jesus zu leiden heißt, dass wir unser Leben so wie Jesus in aller Konsequenz zu Ende leben müssen, was immer es auch bringen mag. Leben als Erbe Gottes, der in uns wohnt, heißt nicht, dass alles immer nur gut ist, dass es kein Leiden, kein Elend gibt, sondern bedeutet buchstäblich »Leben in Fülle«: Alles gehört zum Leben dazu, was es auch immer bringt. Das mag fast zynisch klingen, meiner Meinung nach ist es aber so. Es gehörte zum Leben Jesu, der diesen Weg bewusst so bis zum Ende gegangen ist, und es gehört auch zu unserem Leben. Die Gewissheit der Herrlichkeit in Gottes Licht bleibt und ist gewiss keine Vertröstung aufs Jenseits, sondern Lebensrealität.

Daher findet sich ab Vers 35 auch die rhetorische Frage des Paulus, was uns scheiden kann von der Liebe Christi. Er nennt sieben Ereignisse, die in der damaligen Zeit einer Katastrophe gleichkamen. Doch keines davon trennt uns von Gottes Liebe. Und um das zu untermauern, nennt Paulus im Vers 39 noch einmal zehn Begriffe, von denen man damals hätte vermuten können, dass sie den Menschen von Gottes Liebe trennen würden. Auch von denen trennt uns nichts, aber auch gar nichts (»keine Kreatur«) von Gottes Liebe. Braucht es da noch den Hinweis, dass man kein einziges Elend dieser Welt als

»Strafe Gottes« deuten kann? Ich gebe zu, manchmal wäre diese Erklärung, dass Pandemien, Kriege, die Tatsache, dass jede Sekunde auf der Welt jemand verhungert und so weiter Strafen Gottes sind, einfacher, aber es ist nicht so. Wir müssen andere Erklärungen suchen, unseren eigenen Anteil erkennen oder auch die Tatsache zur Kenntnis nehmen, dass es für manches keine Erklärung gibt.

Übungen für den Alltag

- *Hat die Tatsache, dass ich, dass wir alle Heilige sind, Auswirkungen in meinem Alltag?*
- *Ich mache mir bewusst und meditiere:*
  Wenn wir Gott sehen, wie er ist, werden wir in das verwandelt, was wir seit Anfang der Schöpfung an sind, sein Ebenbild. Und zwar, ohne dafür etwas zu tun oder leisten zu müssen.
- *Ich suche Gott nicht im Alltag, an bestimmten Orten oder in Dingen, sondern mache mir bewusst, dass Gott gegenwärtig ist und in unseren Herzen wohnt.*
- *Da wir Menschen Gottes sind, die Tag und Nacht in seiner Nähe leben, spreche ich von »Erbgnade« statt »Erbsünde« – was verändert sich dadurch für mich?*
- *Ich mache mir bewusst,*
  dass Gott und ich auf Augenhöhe kommunizieren.
- *Welche Katastrophen fallen mir heute ein?*
  Ich mache mir bewusst, dass keine einzige als Strafe von Gott kommt und keine einzige uns von Gottes Liebe trennt.

Gottes Wort ist in uns eingepflanzt

Der Jakobusbrief ist eigentlich eine Ansprache in Briefform an die ganze damalige Christenheit, weswegen man ihn zu den »Katholischen Briefen« zählt (»katholisch« meint hier nicht eine Konfession, sondern heißt aus dem Griechischen übersetzt so viel wie »auf der ganzen Erde« oder auch »allgemein gültig«). Heutige ExegetInnen halten den Brief für eine sogenannte pseudepigrafische Schrift, was zur damaligen Zeit nicht unüblich war: Ein unbekannter Autor bediente sich des Namens des Jakobus, des Bruders Jesu, um dem Schreiben, das wohl um 100 nach Christus entstanden ist, Autorität zu verleihen. Grob gesagt sind es Anweisungen zum Leben in Jesu Geist. Für unser Anliegen stechen vor allem die Verse 21 und 22 im 1. Kapitel hervor: Der Verfasser fordert die Gemeinden auf, sanftmütig das Wort Gottes anzunehmen, das in sie eingepflanzt wurde und die Macht der Rettung hat. In Matthäus 11,29 bezeichnet sich Jesus selbst als sanftmütig, in der Bergpredigt preist er die Sanftmütigen, denn »sie werden das Land erben«. Sanft ist der Mensch, wenn er sich nicht vom Zorn hinreißen lässt. Sanftmut bezeichnet dabei nicht nur ein Verhalten, sondern mehr noch eine Haltung. Mir gefällt hier besonders die Art der Sprache. Es ist die eines Gärtners, leicht verständlich und klar. Ich stelle mir den Menschen als ein Beet vor, das vorbereitet ist und das Wort Gottes aufnehmen kann und will. Es wird Wurzeln schlagen und wachsen. Der Verfasser des Jakobusbriefes nennt das »gerettet werden«. Unter »wachsen« verstehe ich, dass das Wort auch getan wird, nicht nur gehört. Es nur zu hören bezeichnet Jakobus als Selbstbetrug, während er das Tun als »Vertiefen in das vollkommene Gesetz der Freiheit« beschreibt (Vers 25). Auch hier ist wieder deutlich sichtbar, dass Gottes Gesetz nicht einengt, sondern in Freiheit führt. Die Grundlage zu dieser Freiheit ist von Gott in jedem Menschen angelegt. In der Sprache der Gärtner gesagt: Man muss nur düngen, gießen und pflegen, sich also weiterentwickeln.

Übungen für den Alltag

- *Kann ich mit dem Bild, dass wir Menschen ein »Beet Gottes« sind, dass Gott in uns Wurzel schlagen und wachsen will, etwas anfangen? Was löst es in mir aus?*
- *Bin ich bereit, als Antwort auf Gottes Wohnen in mir Gottes Wort nicht nur zu hören, sondern auch zu tun? Was bedeutet das konkret für mich?*

Die Gnade des Herrn Jesus ist mit allen

Mit der »Geheimen Offenbarung des Johannes« sind wir beim letzten Buch des Neuen Testaments, ja der ganzen Heiligen Schrift angelangt und haben gesehen, dass die mystische Spiritualität sich wie ein roter Faden durch sie hindurchzieht. Ich möchte nicht behaupten, dass dies der einzige rote Faden ist, der sich finden lässt, es ist aber ein wichtiger, und er hat sich in der Geschichte der Spiritualität, ja der Kirchengeschichte auch weiter durchgezogen bis heute.

In Offenbarung 22,21 findet sich noch einmal ein auch heute sehr aktueller Vers. Fast in allen Übersetzungen wird aus dem Griechischen der Ausdruck *meta pantoon* (»mit allen«) ins Deutsche so übertragen: »Die Gnade des Herrn Jesus sei mit euch allen.« Dies hat in nahezu allen Gottesdiensten Einzug gehalten, als Wunsch der Person, der oder die den Gottesdienst leitet. Anders formuliert: Jesus möge mit den Feiernden sein. Steckt dahinter die Angst, dass er es eventuell doch nicht ist? Dabei hat Jesus uns verheißen, dass er alle Tage bei uns allen sein wird. Warum dann »sei«? Von der griechischen Grammatik her lässt sich meines Erachtens auch mit Bezug auf Offenbarung 22,21 die Übersetzung gut begründen: »Der Herr ist mit euch«, was die Gewissheit seiner Anwesenheit klar zum Ausdruck bringt. Die liturgischen Feiern, denen ich vorstehen durfte, habe ich deshalb immer eingeleitet mit dem Satz: »Der Herr ist mit uns allen.« Die Gemeinde antwortete: »Amen.« Erfreulicherweise entdecke ich immer mehr Priester und GottesdienstleiterInnen, die denselben Weg einschlagen. Mich muntert es auf, wenn ich zu Beginn eines Gottesdienstes und dann immer wieder höre, dass Gott, dass Jesus bei uns anwesend ist. Wie wir gesehen haben, hat dieser Glaube, diese Gewissheit ein biblisches Fundament vom Buch Exodus an. Warum also nicht auf dieses Fundament bauen und den Gläubigen die Gegenwart Gottes im Hier und Jetzt zusagen? Ich denke, dies baut den Glauben auf jeden Fall mehr auf als ein vages »Vielleicht«.

Das Ende der Bibel erinnert mich daran, dass ich im Studium und auch danach gelernt habe, dass die göttliche Offenbarung mit dem Tod des letzten Apostels abgeschlossen sei, was mir lange Zeit eingeleuchtet hat: Mit dem Tod der letzten Person, die Jesus gekannt hat, war praktisch nichts Neues mehr über Gott zu erfahren. Zumindest lebte niemand mehr, der hätte entscheiden können, ob es sich um eine göttlich geoffenbarte Wahrheit handelt. Denn schließlich hatten nur die Apostel die Berechtigung, diese weiterzusagen. Und nach Jesus konnte ja nichts »Besseres« mehr kommen. Daher verstand ich lange Zeit die Offenbarung in der Bibel gleichsam als ein »Schatzkästlein«, das wir Theologen *depositum fidei* nennen (= Glaubensdepot). Das muss natürlich bewacht werden, damit niemand etwas daraus klaut, etwas daran verändert oder unberechtigterweise hinzufügt, denn der Inhalt war für mich unveränderlich, höchstens interpretierbar, aber auch nur im erlaubten Rahmen.

Mit ähnlichen Ideen hatten sich wahrscheinlich schon die ersten Gemeinden herumgeschlagen, die nach dem Tod des letzten Apostels entstanden und ihren Glauben leben wollten. Wer aber sollte nun diese Wahrheiten »bewachen« – und wie? Das kirchliche Lehramt und der Gedanke eines Kirchenrechts waren geboren und sollten beziehungsweise mussten im Folgenden Abweichungen erkennen, feststellen, selbstverständlich auch verurteilen und bekämpfen. Und so ist es mit kleinen Variationen bis heute.

Je mehr ich mich mit mystischer Theologie beschäftige, desto mehr zweifle ich dieses *depositum fidei* und den daraus folgenden Automatismus an. Wenn Gott in jedem Menschen gegenwärtig ist, dann ist er auch in jeder Zeit gegenwärtig und kann mit der Stimme der Menschen immer wieder Neues sagen. Dann gibt es keinen Zeitgeist, sondern Gottes Geistkraft in der jeweiligen Zeit. Das biblisch-mystische Modell geht davon aus, dass wir alle ein lebendiges Sakrament (= Zeichen der Nähe Gottes) sind, indem wir uns immer in Gottes Gegenwart und in Beziehung zu ihm befinden. Gott ist nicht nur bei uns, nicht nur neben uns, nicht nur unter uns, nicht nur über uns, sondern in uns, auf der tiefsten Ebene und in unserem Innersten. Das Einzige, was uns von Gott trennt, ist unser eigener Gedanke, dass wir von Gott getrennt sind, sagt der amerikanische Trappistenmönch und Mystiker Thomas Keating.

So dachten und denken auch viele MystikerInnen und wurden deshalb zu Irrlehrern / HäretikerInnen abgestempelt. Ich lernte, dass Glaubenswächter keine Mystiker sind. Grob gesagt ist die Mystik nämlich eine »Laienangelegenheit«. Wegen der direkten Beziehung, die es von Gott zu jedem Menschen gibt, braucht es keine geweihten amtlichen Gnadenvermittler. Vielleicht ist mystische Spiritualität mir deshalb so sympathisch, weil ich zeit meines Theologenlebens mit großer Überzeugung Laie, also nicht amtlich Geweihter war und bin und es auch nie werden wollte. Deshalb interessieren und bereichern mich MystikerInnen schon lange viel intensiver als Glaubenswächter. Dazu jedoch mehr im zweiten Teil dieses Buches.

Übungen für den Alltag

- *Ich mache mir immer wieder die Gegenwart Gottes im Hier und Jetzt bewusst. Im Gottesdienst bete ich bewusst: »Der Herr ist mit uns« statt »Der Herr sei mit uns«.*
- *Ich mache mir bewusst, dass Gottes Geist auch und gerade in der heutigen Zeit erfahrbar ist und wirkt.*

Menschen mit spiritueller Sprengkraft –

Christliche Mystikerinnen und Mystiker

Wir haben im ersten Teil des Buches gesehen, dass sich die mystische Spiritualität wie ein roter Faden durch beide Testamente der Bibel zieht. Oft fühlte ich mich beim Schreiben an die Sätze von Mahatma Gandhi erinnert: »Ihr Christen habt in eurer Obhut ein Dokument mit genug Dynamit in sich, die gesamte Zivilisation in Stücke zu blasen, die Welt auf den Kopf zu stellen, dieser kriegszerrissenen Welt Frieden zu bringen. Aber ihr geht damit so um, als ob es bloß ein Stück guter Literatur wäre, sonst weiter nichts.« Vielleicht hat der eine oder die andere von Ihnen es auch schon so empfunden.

Im zweiten Teil dieses Buches soll es nun darum gehen, einige exemplarische Gestalten und Stationen mystischer Spiritualität zu beleuchten und sie zu fragen, was sie uns heutigen Menschen zu sagen haben. Dabei kommen MystikerInnen aus verschiedenen Jahrhunderten zu Wort, die mir wichtig sind. Die Auswahl ist natürlich subjektiv.

Bernard McGinn, der, wie schon erwähnt, ein sechsbändiges Grundlagenwerk zur Geschichte der Mystik im Abendland geschrieben hat, unterscheidet verschiedene »Abschnitte«:

- *die Ursprünge (Neues Testament, frühes Christentum, 2. und 3. Jahrhundert nach Christus)*
- *die Anfänge (Ambrosius, Hieronymus, Augustinus, ab dem 4. Jahrhundert nach Christus)*

- *die Entfaltung (12. Jahrhundert, zum Beispiel Bernhard von Clairvaux)*
- *die Blüte (1200–1350, Männer und Frauen in der »Neuen Mystik«)*
- *die Fülle (1300–1500, Mystik in Deutschland, den Niederlanden und England)*
- *protestantische Mystik (1500–1650)*
- *die Mystik im spanischen »Goldenen Zeitalter« (1500–1650)*

Den aufmerksam Lesenden fällt sicher auf, dass die MystikerInnen der Neuzeit bis ins 21. Jahrhundert fehlen. Für mich ist es selbstverständlich, dass sie dazugehören. Deshalb möchte ich einige von ihnen später auch zu Wort kommen lassen. Denn Menschen, die sich der mystischen Spiritualität verpflichtet wissen, gab und gibt es zu allen Zeiten, auch wenn sie nicht so bekannt sind wie die »Stars der Szene«.

Schauen wir einmal auf die Anfänge christlicher Mystik, wie sie sich nach der Entstehung des Neuen Testaments und der ersten Gemeinden darstellte. Da lohnt sich der Blick in die ägyptische Wüste, denn hier wurden früh die ersten Klöster gegründet – Gemeinschaften von ChristInnen, die versuchten, ihr ganzes Leben Gott zu widmen. Man nannte sie Wüstenmütter und Wüstenväter. Als sich diese monastische Bewegung beinahe flächendeckend und mit großem Erfolg in der gesamten christlichen Welt durchsetzte, wurde sie zu einem selbstverständlichen Zuhause für viele MystikerInnen, denn tatsächlich lebten fast alle großen MystikerInnen zwischen dem 5. und dem 15. Jahrhundert als Mönche oder Nonnen. Aber mit dem Beginn der Neuzeit und insbesondere durch die sozialen Veränderungen wie der Reformation und der Renaissance wurden Klöster für das Christentum weniger zentral und von den Kirchen der Reformation oft abgelehnt. In den letzten Jahrhunderten gab es daher auch viele MystikerInnen außerhalb der Ordensgemeinschaften.

Im 20. Jahrhundert bestand zum Beispiel der bereits erwähnte Theologe Karl Rahner darauf, dass Mystik nicht nur eine besondere Eigenschaft der in Abteien oder Klöstern vorkommenden »Elite-Christen«, sondern jeder Mensch ein »Mystiker des Alltags« sei. Jede tiefe Erfahrung mit Gott oder dem Göttlichen ist seiner Ansicht nach zur Mystik zu zählen, auch wenn es sich dabei »nur« um religiöse Alltagserfahrungen handelt. Die evangelische Theologin Dorothee Sölle, der bekannte Benediktiner Bruder David Steindl-Rast und andere betonen dies ebenfalls. Ihnen schließe ich mich gerne an.

Meiner Ansicht nach hat das Christentum für die Zukunft nur dann eine Überlebenschance, wenn möglichst viele Menschen den »mystischen Herzschlag« in sich entdecken, der bereits im Zentrum unseres Menschseins vorhanden ist. Anders ausgedrückt: Mystische Spiritualität können wir nicht machen. Es ist etwas, das wir geschenkt bekommen. Wir können uns aber aktiv auf die Suche danach machen und herausfinden, zu welcher besonderen Art von MystikerIn wir berufen sind. Mein Ziel für mein Leben ist es daher zu lernen, mir dies immer wieder bewusst zu machen. Mein »Lehrplan« hierfür ist gegründet in Liebe, Barmherzigkeit, Zärtlichkeit, Mitgefühl, Vergebung, Hoffnung, Vertrauen, Einfachheit, Stille, Frieden und Freude. Die Vereinigung mit Gott zu verkörpern bedeutet, diese Eigenschaften zu entdecken, die aus dem Innersten hervorgehen und Menschen langsam verwandelt haben und immer wieder verwandeln.

Viele Amtsträger in der Institution Kirche weisen leider die Gläubigen nicht darauf hin, dass sie wirklich Wohnstatt Gottes sind. Sie »treten weder selbst ein noch lassen sie andere eintreten, die eintreten wollen«, wie Jesus sagt (Matthäus 23,13). Aus verschiedenen Gründen lautet dagegen ihre Botschaft oft: »Sie können nur durch uns zu Gott kommen, indem Sie die richtigen Rituale durchführen, Sakramente empfangen, die Morallehre befolgen und an die richtigen Lehren glauben.« Das ist, als würde man Gott sagen, wen er lieben, wo er wohnen darf. Viele Geistliche und religiöse Führer lehren die Menschen – vielleicht ungewollt? – »erlernte Hilflosigkeit«. Wie gesehen, verbringen die Propheten einen Großteil ihrer Zeit damit, diese Barrieren zu beseitigen und zu versuchen, »den Weg des Herrn zu bereiten und seine Straßen gerade zu machen« (Matthäus 3,3).

Ich denke, dass viele Menschen oft aufhören (oder nie beginnen?), sich spirituell zu bewegen. Sie bleiben stecken. Das Wort Institution selbst bedeutet ja ein System, das Gruppen und Gemeinschaften eher formt, lenkt und stabilisiert als bewegt. Demgegenüber bringt die Geistkraft in Bewegung. Meine Vision ist, dass beide zusammenwirken: Institutionen sorgen für lebendige Stabilität und Kontinuität, und Geistkraft sorgt für Richtung und Dynamik. Dazu braucht es eine Spiritualität, die alle teilen (können). Meiner Ansicht nach kann eine solche gemeinsame Spiritualität aus der mystischen Tradition kommen und die Menschwerdung des Menschen zum unmittelbaren Ziel haben.

Ohne diese gemeinsame Spiritualität, die unser aller Seele für den öffnet, der bereits in ihr wohnt, wird keine Bewegung erfolgreich sein und keine spirituelle Institution auf Dauer bestehen. Deshalb setzen MystikerInnen wie Bernhard von Clairvaux, Teresa von Ávila und viele andere die Entdeckung ihres eigenen Selbst mit der Entdeckung Gottes gleich. Es braucht zugegebenermaßen viel Vertrauen und oft auch eine spirituelle Begleitung, um einen solchen Prozess zuzulassen. Wenn zum Beispiel ihre Ankläger Jeanne d'Arc als Opfer ihrer eigenen Vorstellungskraft bezeichneten, wird ihr häufig diese brillante Antwort zugeschrieben: »Wie würde Gott sonst zu mir sprechen?«

Der Grundglaube des Christentums ist die Inkarnation, die Menschwerdung Gottes. Viele Christinnen und Christen haben sich in dieser Hinsicht jedoch eher auf abstrakte Ideen konzentriert, anstatt sich tatsächlich mit ihrer eigenen inkarnierten Menschlichkeit zu beschäftigen. Mir scheint, dass gerade in der heutigen Zeit zunehmend viele Menschen die theoretischen und verordneten Spiritualitäten, in denen die Erfahrung keine oder nur eine sehr geringe Rolle spielt, satthaben. Mystische Spiritualität ist also ein zeitgemäßer Lebensstil, eine Lebenshaltung.

Deshalb ist die Mystik im 21. Jahrhundert buchstäblich im Aufwind, gleichsam ein zunehmender religiöser Trend der Gegenwart. Mystik ist »in« – Gott sei Dank! Dennoch wird Mystik wahrscheinlich nie etwas sein für die Mehrheit, den »Mainstream« – in der Vergangenheit war sie es auf jeden Fall nie. Daher halte ich es erst recht für wichtig, sich genau jetzt auf die mystischen Wurzeln und Wege des Glaubens zu besinnen und auch zu schauen, was die Botschaften der verschiedenen MystikerInnen für unser Leben konkret bedeuten.

Gott sieht uns in die Augen – wir gefallen ihm

HILDEGARD VON BINGEN (1098–1179)

Die mittelalterliche Benediktinerin wurde nach langer Zeit der Vergessenheit in den 1970er-Jahren buchstäblich medial wiederentdeckt, vor allem durch ihre berühmten Sätze: »Wir Menschen sind eine Leib-Geist-Seele-Einheit«, ein »Spiegel aller Gotteswunder«, die Seele trägt eine Symphonie Gottes in sich, »hat in sich einen Wohlklang und sie ist selbst klingend«. Alles ist ein »Urklang aus der Ordnung Gottes«. Hildegards Menschen- und Gottesbild ist nicht statisch, sondern dynamisch und prozessorientiert. Es ist verwurzelt in der biblischen Weisheitstradition, die mit »Frau Sophia« auch ein weibliches Sprechen von Gott ausdrückt. Im alttestamentlichen Buch der Sprichwörter steht nämlich geschrieben: »Die Weisheit hat ihr Haus gebaut, ihre sieben Säulen behauen.« Diese Worte werden früh auf Jesus hingedeutet, der zum Beispiel in 1 Korinther 1,30 »Weisheit von Gott« genannt wird.

Das Grundübel des Menschen besteht für Hildegard darin, dass er immer nur »Ich und Ich« sagt und »sich anmaßend selbst das Gesetz gibt, so als ob er sein eigener Gott sei«. Die Lösung sieht sie darin, das Ego zu verlassen, die eigene psychische Unordnung zu kurieren und dann erst den Leib. Sie drückt das so aus: »Vater, ich habe gesündigt gegen das himmlische Kunstwerk, das ich selbst bin.« Für Hildegard meint Sünde also nicht Entfremdung von Gott, sondern Entfremdung von sich selbst. Damit stimmt sie intuitiv mit Vertretern der modernen Psychologie überein, obwohl sie sich als »ungelehrte Frau« bezeichnet, »die nur das weiß, was sie in der inneren Schau sieht«. Im Mittelalter herrschte nämlich die Ansicht, Frauen seien gar nicht zu eigenem (theologischem) Denken in der Lage. Da sie selbst deshalb auf keinem Gebiet eine systematische Ausbildung hatte und daher ein schlechtes Latein schrieb, diente ihr der Mönch Volmar als Sekretär.

Durch die Schriften, die er für sie notierte, widerlegte Hildegard diese Ansicht über Frauen eindrucksvoll. Für sie ist Gott in der Schöpfung erfahrbar. Belebtes und Unbelebtes klingen zusammen in einer großen »Synphonia«. Die Erde ist nicht die endgültige Heimat des Menschen, aber sie ist viel mehr als eine wertlose Hülle, denn Gottes »liebende Umarmung aller Kreatur« erhebt die Schöpfung über das bloß Natürliche hinaus und richtet sie zugleich auf. Wenn der Mensch seinen Egoismus überwindet, erfährt er sich in freundschaftlicher Verbundenheit mit den anderen Geschöpfen und die »Urfreude« taucht in ihm auf: die Seligkeit, gewollt zu sein. Hildegard nennt das die »fröhliche Wissenschaft«: Der Mensch ist ein Bild Gottes und ein Partner aller Kreaturen in der Welt. So war es Gottes Plan von Anfang an. Sie erkannte, dass es einen tiefen inneren Zusammenhang gibt zwischen der äußeren, physischen Welt und der inneren, der göttlichen Welt.

Eine weitere Grundlage der Hildegard-Mystik ist der Begriff *viriditas*, »Grünkraft«. Sie bezeichnet eine Grundkraft, die der gesamten Natur, also Menschen, Tieren, Pflanzen und Mineralien, innewohnt. Sie kann gestärkt werden durch Aufenthalte in der Natur. Mit diesen Gedanken erweist sie sich als geradezu visionär, auch und gerade für das 21. Jahrhundert, in dem die drohende Klimakatastrophe eines der größten Probleme der Menschheit ist.

Der Gedanke der Einheit und Ganzheit ist auch der Schlüssel zu Hildegards natur- und heilkundlichen Schriften. Krankheit ist für sie ein Defizit oder Ungleichgewicht, Gesundheit dagegen das Gleichgewicht der Seele, für das eine maßvolle Lebensgestaltung wichtig ist. Die Mystikerin prägte den berühmten Satz: »Du verstehst so wenig, was um dich herum geschieht, weil du so wenig verstehst von dem, was in dir geschieht.«

Die Kraft für ihre zahlreichen Klostergründungen und ihre vielen Reisen, ja für ihr ganzes Leben nahm sie ohne Zweifel aus dem Bewusstsein und ihrem tiefen Glauben, von Gott gewollt und »Wohnstatt des Höchsten« zu sein. Zwei Zitate mögen das untermauern: *»In mir erglänzen alle Reiche der Welt, weil ich der Spiegel Gottes bin.«* Und: *»Der Mensch ist das Gewand, das Gott anlegt in seiner königli-*

chen Macht.« Diese biblisch begründete Gottebenbildlichkeit vermittelte die berühmte Nonne auch den vielen, die zu ihr kamen und sie als Ratgeberin aufsuchten. »*Gott sieht uns in die Augen, wir gefallen ihm*«, war einer ihrer Lieblingssätze – geradezu revolutionär in einer Zeit, in der sonst eher ein dunkles Gottesbild vorherrschte. Sie vermittelte in ihren Predigten, zum Beispiel an Pfingsten 1160 im Trierer Dom, das Wohnen Gottes im Menschen nicht nur dem Volk, sondern sie kritisierte auch hohe Kleriker, dass sie dies eben nicht taten. Ich bin mir sicher, sie würde auch heute die kirchenrechtliche Vorschrift heftig kritisieren, dass die Predigt in der Eucharistiefeier Priestern oder Diakonen vorbehalten ist, also für Frauen gar nicht infrage kommt. Hildegard als eine Pionierin von Gleichberechtigung der Frauen in der Kirche!

Dabei quälten sie dennoch immer wieder Zweifel, ob sie auf dem richtigen Weg sei. Diese Zweifel aber konnte sie sich gestatten: »Wo der menschliche Zweifel nicht ist, da ist nicht die Antwort des Heiligen Geistes«, ist eines ihrer berühmten Zitate, die uns in ihr Inneres schauen lassen. Mit diesen existenziellen Glaubensfragen hat sie in ihrer damaligen Zeit verwirklicht, was auch heute noch in der Praxis aussteht: Die Gleichwertigkeit aller Menschen vor Gott mit der mystischen Begründung, dass Gott in allen Menschen wohnt, gleich welchen Geschlechts, Standes, Ansehens oder welcher Hautfarbe.

Übungen für den Alltag

- *Ich mache mir bewusst, dass ich ein von Gott geschaffenes himmlisches Kunstwerk bin.*
- *Ich meditiere immer wieder den Satz:*
  »Gott sieht mir in die Augen, ich gefalle ihm.«
- *Ich gestatte mir, Glaubenszweifel zu haben.*
- *Ich gehe bewusst hinaus in die Natur, die Schöpfung und genieße ihre Schönheit.*

»Gönne dich dir selbst« – Work-Life-Balance

BERNHARD VON CLAIRVAUX (1090-1153)

Bernhard lebte in einer Zeit, in der nach Europa Nachrichten über eine fremde Kultur im Orient drängten. Mathematik, Philosophie, Physik, Metaphysik, Medizin, Architektur erlebten dort ein Goldenes Zeitalter und waren dem abendländischen Geistesleben in vielen Dingen überlegen. In Europa aber schien man davon nichts wissen zu wollen, denn das »Heilige Land« wurde jetzt von Fürsten regiert, die einer recht unbekannten und daher als bedrohlich empfundenen Religion anhingen, in der man einen Gott namens Allah anbetete und seinen Propheten Mohammad verehrte. Die Menschen damals wussten wahrscheinlich nicht, dass es sich um den Islam handelte – eine Religion, in der Juden und Christen das »Volk des Buches« genannt werden und deren Anhänger sich als die spirituellen Nachkommen des Propheten Abraham verstanden und heute noch verstehen.

Bernhard wurde 1090 als Sohn Adliger im französischen Burgund geboren. Mit 22 Jahren erklärte er seiner Familie, Mönch werden zu wollen. Dies verursachte helles Entsetzen! Doch es kam für die Eltern noch schlimmer: Mit Bernhard zogen vier seiner Brüder ins nahegelegene Zisterzienserkloster in Cîteaux ein. Auch viele seiner Freunde folgten ihm 1112 dorthin und wurden ebenfalls Mönche. Bernhard verstand es, seine Mitmenschen für seine spirituellen Ideen zu begeistern.

1115 wurde er vom Abt des Klosters Cîteaux gemeinsam mit zwölf anderen Mönchen nach Vallée d'Absinthe gesandt. Dort sollte er ein neues Kloster gründen, dem Bernhard den Namen »Claire Vallée« gab, woraus schließlich »Clairvaux« wurde. Als Abt dieses neuen Klosters verfasste Bernhard dort einen Großteil seiner Schriften, weswegen die beiden Klöster Clairvaux und Cîteaux im 12. Jahrhundert zu bedeutenden spirituellen Zentren wurden. Um Bernhard zu hören, besuchten Menschen aus ganz Europa sein Kloster. Er vermochte es, in verständlicher Sprache und mit Begeisterung die tiefere Bedeutung der Heiligen Schrift zu enthüllen und zum Leben zu erwecken. Ich denke, das gelang ihm, weil dies der echte Ausdruck seiner persönlichen Empfindung war – etwas, das er selbst erfahren hatte. Er dozierte nicht über etwas, sondern erzählte primär von sich selbst, seinen Erfahrungen.

Bernhards Einfluss reichte bis in den Vatikan und zu Politikern seiner Zeit. Er war Mentor der Päpste, vor allem von Eugen III., und diente den Fürsten seines Landes als Berater. Er wird auch »der letzte Kirchenvater« genannt, weil er – obwohl mittelalterlicher Theologe – sehr in der Tradition der Kirchenväter der ersten acht Jahrhunderte steht, vor allem mit ihrer biblischen Ausrichtung und ihrem Bezug zur Nächstenliebe. Bernhard war in der Heiligen Schrift zu Hause, biblische Zitate und Bilder wurden fast so etwas wie sein »Dialekt« und sind nicht immer als Zitate von seinen eigenen Worten zu unterscheiden. Weitere wichtige Themen sind für ihn Gottes bedingungslose Liebe, das Elend des rein egoistischen Menschen, die Menschwerdung des Wortes Gottes und auch der Vorrang des Glaubens, der Erfahrung und Empfindens gegenüber dem intellektuellen Erkenntnisstreben. Gott erschafft die Menschen zur Teilhabe an seinem Leben: In der Selbsterkenntnis liegt die Hoffnung, unsere Situation zu ändern. Sie ist der erste Schritt zur lebenslangen Umkehr. Dies ist nicht unsere eigene Leistung, sondern das Werk Gottes in uns. »Geh deinem Gott entgegen bis zu dir selbst!« ist deshalb für mich ein bewegendes Wort Bernhards, ebenso wie: »Bei seinem ersten Werk (der Schöpfung) gab Gott mir mich. Bei seinem zweiten sich selbst. Und da er sich gab, gab er mich mir zurück.« Aus seiner elementaren Grunderfahrung des Geliebtwerdens leitet Bernhard seine optimistische Sicht auf den Menschen ab, der seiner Ansicht nach für die Liebe geschaffen ist. Obwohl er das zwar weithin vergessen und sich in alle möglichen falschen Richtungen verlaufen hat, findet er unweigerlich die verschüttete Quelle wieder, wenn er wirklich in seine eigene Tiefe geht.

Bernhard hatte höchste Verehrung für die Heiligkeit Marias, er lehnte jedoch die Vorstellung ab, nach der sie »unbefleckt empfangen« worden sei: »Maria ist ebenso in Sünde empfangen worden wie alle anderen Menschen. Auf sie darf nicht übertragen werden, was allein ihrem Sohn zukommt. Gern wird Maria auf diese falsche Ehre verzichten.« Noch 800 Jahre später haben sich katholische Theologen auf diese Argumentation Bernhards berufen. Doch das 19. Jahrhundert kannte leider andere kirchenpolitische Notwendigkeiten. 1854 wurde die Unbefleckte Empfängnis Marias zum Dogma in der katholischen Kirche – mit Folgen bis heute, vor allem für die Ökumene.

Dass ein so genialer Theologe und Bibelkenner wie Bernhard von Clairvaux im Auftrag des damaligen Papstes Eugen III., ein Zisterziensermönch wie er, zum Zweiten Kreuzzug gegen die »Feinde des Kreuzes« aufrief, zudem mit einer so enormen Begeisterung, dass sogar die Menschen in Deutschland sich von seiner Predigt mitreißen ließen, obwohl sie seine lateinische Sprache nicht verstanden, ist und bleibt mir ein großes Rätsel und trübt meine Begeisterung für diesen genialen Mystiker. Selbst der deutsche König Konrad III. ließ sich zu Weihnachten 1146 im Dom von Speyer von der Kreuzzugspredigt Bernhards begeistern und wurde zum Kreuzfahrer. Andererseits hilft mir Bernhards »Gespaltensein« zu verstehen, dass auch ein so großer Mystiker wie er aus heutiger Sicht gewaltige Fehler hatte und moralisch nicht perfekt war. Das macht mir Mut, zu mir selbst und meinen eigenen Schattenseiten zu stehen und sie anzunehmen. Auch wenn ich oft für andere eine Zumutung bin, bin ich doch zuvorderst von Gott so geliebt, wie ich bin – nicht wie ich gerne wäre oder sein sollte, und schon gar nicht, wie mich andere gerne hätten.

Als dann der Kreuzzug im Juli 1149 vor Damaskus mit einer blutigen Niederlage der Christen endet, wird Bernhard von vielen zu Recht für dieses Desaster mitverantwortlich gemacht. Er leugnet es nicht: »Ich weigere mich nicht, ehrlos zu werden, wenn nur die Ehre Gottes unangetastet bleibt!« Bernhard drückt sich also nicht vor der Verantwortung, sucht sie nicht anklagend bei anderen, sondern zuerst bei sich selbst. Er steht dazu und trägt die Konsequenzen. Auch dieses

Verhalten ist für mich ein Leitbild, Verantwortung für mich zu übernehmen und mich nicht auf die Suche nach Sündenböcken für mein eigenes Handeln zu machen. Mystik im Sinne Bernhards konfrontiert mich also auch mit meinen eigenen Schattenseiten und lädt mich ein, mich mit ihnen wohlwollend auseinanderzusetzen.

Am 20. August 1153 stirbt Bernhard im Alter von 63 Jahren im Kreis von etwa 200 Mönchen in Clairvaux. Einer ganzen Epoche hat er seinen Namen aufgeprägt: Die erste Hälfte des 12. Jahrhunderts nennt man deshalb auch das »bernhardinische Zeitalter«. In seinem »Buch über die Besinnung« an Papst Eugen III. blickt er auf sein Leben zurück und alles, was ihn im Innersten seines Herzens bei seinem Einsatz für die Reform der Kirche bewegte. Dieses Buch wird heute bei vielen Managerkursen eingesetzt und taugt ganz aktuell zur Diskussion der berühmten »Work-Life-Balance«. Ein Zitat:

»Ich fürchte, ... dass Du, eingekeilt in Deine zahlreichen Beschäftigungen, keinen Ausweg mehr siehst und deshalb Deine Stirn verhärtest; dass Du Dich nach und nach des Gespürs für einen durchaus richtigen und heilsamen Schmerz entledigst. Es ist viel klüger, Du entziehst Dich von Zeit zu Zeit Deinen Beschäftigungen, als dass sie Dich ziehen und Dich nach und nach an einen Punkt führen, an dem Du nicht landen willst. Du fragst, an welchen Punkt? An den Punkt, wo das Herz hart wird. Frage nicht weiter, was damit gemeint sei; wenn Du jetzt nicht erschrickst, ist Dein Herz schon so weit ... Wenn Du ganz und gar für alle da sein willst, nach dem Beispiel dessen, der allen alles geworden ist (1 Korinther 9,22), lobe ich Deine Menschlichkeit – aber nur, wenn sie voll und echt ist. Wie kannst Du aber voll und echt Mensch sein, wenn Du Dich selbst verloren hast? Auch Du bist ein Mensch. Damit Deine Menschlichkeit allumfassend und vollkommen sein kann, musst Du also nicht nur für alle anderen, sondern auch für Dich selbst ein aufmerksames Herz haben. Denn was würde es Dir sonst nützen, wenn Du – nach dem Wort des Herrn (Matthäus 16,26) – alle gewinnen, aber als einzigen Dich selbst verlieren würdest? Wenn also alle Menschen ein Recht auf Dich haben, dann sei auch Du selbst ein Mensch,

der ein Recht auf sich selbst hat. Warum solltest einzig Du selbst nichts von Dir haben? ... Wie lange noch schenkst Du allen anderen Deine Aufmerksamkeit, nur nicht Dir selbst? ... Bist Du etwa Dir selbst ein Fremder? Und bist Du nicht jedem fremd, wenn Du Dir selbst fremd bist? Ja, wer mit sich selbst schlecht umgeht, wem kann der gut sein? Denk also daran: Gönne Dich Dir selbst. Ich sage nicht: Tu das immer, ich sage nicht: Tu das oft, aber ich sage: Tu es immer wieder einmal. Sei wie für alle anderen auch für Dich selbst da.«

Aus diesen weisen Worten des großen Mystikers aus Clairvaux höre ich förmlich Gott sprechen (Levitikus 19,18) und auch Jesus (Markus 12,31), deren Botschaft Bernhard für Papst Eugen III., für sich selbst und auch für uns heutige Menschen übersetzt hat: »Ich bin für euch da« spricht zu uns, dass zur Nächstenliebe untrennbar auch die Selbstliebe gehört. An andere zu denken, für sie da zu sein, mich für sie einzusetzen heißt im gleichen Atemzug, auch mich selbst nicht zu vergessen.

»Wer immer nur selbstlos ist, ist sein Selbst bald los«, hat mir ein Freund oft gesagt. Selbstliebe gehört auch zur Sorge Gottes für uns Menschen. Liebe gewährt mir und anderen Zuwendung, Anerkennung. Gesehenwerden ist nicht zuerst ein Gefühl, sondern ein aktives Handeln. Dabei wurde die Selbstlosigkeit über lange Zeit als die christliche Tugend schlechthin bezeichnet. »Alles hat sie gegeben, nichts hat sie sich selbst gegönnt«, »Aufgeopfert hat er sich für andere«, »Es war ihr immer nur wichtig, dass es den anderen gut ging, an sich hat sie dabei nie gedacht«, »Der Himmel möge ihm all das entlohnen« – wie oft habe ich solche Sätze bei Beerdigungen gehört. Dabei sagt schon die Mystikerin Teresa von Ávila (siehe unten): »Wo die Liebe aufhört, fängt das Opfer an.«

Besonders Frauen und Müttern wurde diese Art der Selbstlosigkeit nachgesagt und ihnen auch seitens der Kirche immer sehr ans Herz gelegt, genauso wie übrigens auch den Seelsorgenden in ihren Reihen. Die Frauen und Mütter sollten sich ganz der Familie, den Kindern und dem Ehemann hingeben, die Seelsorgenden ganz ihrer

Gemeinde. Dabei geht es in erster Linie immer darum, die Wünsche der anderen zu erfüllen, sich selbst in den Hintergrund zu stellen und ja nicht auf die Idee zu kommen, auch eigene Bedürfnisse anzumelden oder sie gar einzufordern. Diese falsch verstandene Tugend führt aber über kurz oder lang dazu, dass sich ein Mensch selbst aus den Augen verliert, dass er sich selbst und seine Bedürfnisse überhaupt nicht mehr wahrnimmt und spürt. Ich könnte auch sagen: Sie oder er lebt total an sich vorbei. Mystische Spiritualität im Sinne Bernhards kann mir dabei helfen, bei aller Tätigkeit mich selbst, meine Bedürfnisse und Sehnsüchte nicht zu vergessen, sondern ihnen vielmehr Raum zum Leben zu geben. Ich darf mich so wichtig nehmen wie andere.

Übungen für den Alltag

- *Ich frage mich:*
  Nehme ich mich so wichtig wie andere?
- *Welche Beispiele fallen mir hierzu ein?*
- *Welche Fehler habe ich?*
  Kann ich liebevoll zu ihnen stehen?
  Wie gehe ich mit ihnen um?
- *Aus welchen spirituellen Quellen lebe ich?*

»Gott ist uns innerlicher, als wir selbst es uns sind«

JAN VAN RUUSBROEC (1293-1381)

»Das Bild Gottes ist in allen Menschen wesentlich und persönlich vorhanden. Jeder besitzt es ganz, vollständig und ungeteilt und alle zusammen besitzen doch nur ein Bild. Auf diese Weise sind wir alle eins, innig vereint in unserem ewigen Bilde, welches das Bild Gottes und der Quell all unseres Lebens in uns ist.« Unter anderem mit diesem Satz reiht sich der flämische Theologe und Schriftsteller, ein Schüler von Meister Eckart, ein in die Reihe der großen Mystiker. Erzogen wurde er von dem angesehenen und wohlhabenden Brüsseler Kanoniker Jan Hinckaert, der möglicherweise auch sein Vater war. 1317 erfolgten seine Priesterweihe und darauf eine mehrjährige Tätigkeit als Vikar und Kaplan in Brüssel. Seine Schriften »Dat rijcke der ghelieven« (»Das Reich der Geliebten«) und sein Hauptwerk »Die chierheit van der gheestlijkker brulocht« (»Die Zierde der geistlichen Hochzeit«) verfasste er in mittelniederländischer Sprache. Hierin zeigt sich seine, auf spirituelle Erfahrung gegründete, aber zum alltäglichen Leben hin geöffnete mystische Spiritualität. Gleichzeitig grenzte er sich aber gegenüber weltabgewandten und »freigeistigen« Sekten ab. Er pflegte Kontakte zu den »Gottesfreunden«, einer mystischen Bewegung in Basel und Straßburg. 1343 zog er sich mit mehreren Freunden nach Groenendaal bei Brüssel zurück, wo sie zunächst in einer geistlichen Gemeinschaft ohne Regel lebten. Daraus entwickelte sich eine Gemeinschaft von Regularkanonikern – Chorherren, die nach der Ordensregel des heiligen Augustinus lebten –, deren erster Prior er wurde und bis zu seinem Tod im Dezember 1381 blieb.

Für Jan van Ruusbroec ist jemand, der aus mystischer Spiritualität heraus lebt, ein ganz normaler Mensch und kein »Wesen von einem anderen Stern«, das gegenüber seinen Mitmenschen keinerlei Vorteile oder Besonderheiten hat. Er ist in keine außergewöhnliche Verbindung mit Gott getreten. Es ist eher etwas »Psychologisches«, das ihn auszeichnet: In einer für ihn selbst unzweifelhaften Gewissheit wird er sich bewusst, dass Gott in ihm anwesend ist. Diese Gegenwart Gottes und seine Liebe zu uns werden seiner Ansicht nach erfühlt, gesehen und geschmeckt, also mit den Sinnen erfahren.

Wenn ich die Schriften von Jan van Ruusbroec lese, begeistert mich seine ganzheitliche Auffassung von jedem Menschen, sei es jemand, der sich als »ungläubig« bezeichnet, oder ein gläubiger Christ. Er lässt an einer Stelle Gott sagen: »Ich bin eins mit dir«. Hier geht es also um eine erlebte Beziehung zwischen Gott und jedem Menschen. In seinem Buch »Vom blinkenden Stein« schreibt der Mystiker:

»Und so leben wir ganz und gar in Gott, wo wir unsere Seligkeit besitzen, und wir leben ganz und gar in uns selbst, wo wir aus Liebe zu Gott wirkend sind. Und obgleich wir ganz und gar in Gott leben und ganz und gar in uns, ist es doch nur ein einziges Leben ... Und deshalb müssen wir uns erfahren können als ganz und gar in Gott und deswegen ganz und gar in uns selbst.«

Von Ruusbroec lerne ich, dass Gott in wirklich jedem Menschen wohnt und wir alle so auf einer sehr tiefen spirituellen Ebene miteinander verbunden sind. Er erinnert mich darin an den Galaterbrief (3,28) des Apostels Paulus, wo dieser sagt, dass wir alle eins sind in Christus, nicht mehr Sklaven und Freie, Juden und Griechen, nicht einmal mehr männlich und weiblich. Für mich hat das sehr konkrete Auswirkungen auf den Alltag: Rassismus, Nationalismus, religiöser Fanatismus, Geschlechterungerechtigkeiten und so weiter widersprechen mystischer Spiritualität bis ins Mark. Freiheit, Gleichheit, Geschwisterlichkeit sind daher nicht nur Werte der Französischen Revolution von 1789, sondern sie wurzeln schon in der mystischen Spiritualität. Ein wunderbares Beispiel dafür ist Jan van Ruusbroec.

- *Mit welchen Sinnen erfahre ich Gott in mir?*
- *Was erschwert es mir, Gott in mir zu spüren?*

Eine von Liebe durchdrungene Freiheit

MECHTHILD VON MAGDEBURG UND DIE BEGINEN (12.-13. JAHRHUNDERT)

Ab dem 12. und 13. Jahrhundert bezeichnete man mit »Beginen« unabhängige, selbstständige Frauen, die weder heiraten noch in ein Kloster eintreten wollten. Es war so etwas wie eine Frauenbewegung, die aus der Suche nach spirituellen Formen des gemeinschaftlichen Lebens außerhalb von Klostermauern entstand. Beginen lebten vorwiegend in Städten, zumeist in den sogenannten Beginenhöfen. Eine Begine konnte aber auch allein, mit einer weiteren Kollegin oder in ihrer Familie leben. Zu Beginn waren es vor allem Adlige und Frauen aus dem städtischen Mittelstand, später schlossen sich Frauen und Mädchen aus allen Bevölkerungsschichten der Bewegung an. Jede Frau konnte eine Begine werden. Sie musste keinerlei Gelübde wie lebenslangen Gehorsam oder lebenslange Keuschheit ablegen und konnte auch jederzeit ohne weitere Angaben von Gründen den Beginenhof wieder verlassen – was äußerst selten geschah. Auch die Möglichkeit, sich zu bilden, dürfte für einige Frauen eine große Rolle gespielt haben, sich für diesen Lebensweg zu entscheiden. Es war damals vielleicht die einzige Möglichkeit für Frauen, ein Leben in Selbstständigkeit und wirtschaftlicher Unabhängigkeit zu führen, somit stellte es für viele eine reale Alternative zu Ehe und Familie oder einem monastischen Leben dar.

1233 gab es die ersten Beginen in Deutschland, und zwar in Köln. Sie erhoben erwiesenermaßen den Anspruch, in theologischen Fragen mitzureden, was für den Papst und die Mehrheit der Kleriker eine unglaubliche Anmaßung und Respektlosigkeit darstellte. Die Beginen verfassten die meisten ihrer religiösen und theologischen Schriften in der Volkssprache – wieder ein Stein des Anstoßes für die verfasste Kirche, denn so wurden viele Menschen erreicht, die die offizielle Kirchensprache, das Latein, nicht beherrschten.

Eine der bekanntesten Beginen war Mechthild von Magdeburg (ca. 1212 bis ca. 1282), die nach eigenen Angaben mit zwölf Jahren vom Heiligen Geist angesprochen wurde. Zu der Zeit, als Mechthild ihr Elternhaus verließ, um nach ihrer Berufung zu leben, beschloss Papst Gregor IX. die Inquisitionsgerichte und befasste sich unter anderem auch mit den Beginen. Auf ausdrücklichen Rat ihres Freundes und Beichtvaters schreibt Mechthild daher ihre Visionen als »Offenbarungszeugnis« nieder, das heißt, sie übte selbst eine gewisse Zensur aus, um nicht in den Fängen der Inquisition zu landen. Mechthilds Schriften müssen in Zusammenhang mit ihrem Leben für und mit den Armen in den Elendsvierteln des mittelalterlichen Magdeburgs gebracht werden, wo sie lange Zeit am Beginenhof lebte. Die Not der Menschen, Krankheit und Tod standen ihr immer vor Augen. Die Beginengemeinschaft fiel der kirchlichen Obrigkeit immer häufiger »negativ« auf – sie war zu selbstbewusst! Schließlich wurde sie dem Dominikanerorden unterstellt. Mechthild brauchte als Zufluchtsort ein Kloster und wählte Helfta bei Eisleben, wo auch Mechthild von Hackeborn (1241–1299) und Gertrud die Große (1256 – ca. 1301) wirkten, führende Frauen der christlichen Mystik.

Mechthild von Magdeburgs Buch »Das fließende Licht der Gottheit« war wohl das erste in deutscher Sprache verfasste und begründete unter anderem die Spiritualität der Frauenbewegung des 13. Jahrhunderts. Hierin beschreibt sie die Beziehung der Seele zu Gott und wundert sich über »das kraftvolle Eindringen aller Dinge und die besondere Intimität, die immer zwischen Gott und jeder einzelnen Seele besteht«. Dieses Paradox verzaubert sie: Gott ist überall da, man nennt das Pan-en-theismus, und daher sicherlich unpersönlich. Und doch ist Gott in Bezug auf die individuelle Seele völlig intim und für jeden von uns ganz persönlich. Er *»flüstert mit seiner Liebe in den engen Grenzen meiner Seele«*. So überwindet Mechthild schon im 13. Jahrhundert die Diskussion über ein persönliches oder unpersönliches Gottesbild. Sie denkt wie viele MystikerInnen nondual, also nicht in Kategorien wie »entweder – oder«, sondern in einem »sowohl – als auch«. Mechthild wagte es ferner, die Bibel teilweise neu zu deuten, zum Beispiel Gott als weiblich zu benennen. Sie formulierte zudem, dass es keinem Mann gestattet sei, sich über die Frau zu stellen, dass niemand Gott als Mann darstellen darf, dass das Gottesbild von Männern erdacht wurde und als Machtmittel eingesetzt wird. Das war damals wirklich ein Wagnis, das wir uns heute in Zeiten der Rede- und Meinungsfreiheit nur noch schwer vorstellen können.

»Unser Erlöser ist unser Bräutigam geworden! Gott hat an allen Dingen genug, nur die liebende Berührung der Seele wird ihm nie genug«, jubelt Mechthild. In den Tiefen ihres Seins hatte sie einen Liebhaber gefunden, der voll und ganz auf sie einging: *»Du bist meine Ruhestätte«*, lässt Mechthild Gott sprechen, *»meine Liebe, mein geheimer Frieden, meine tiefste Sehnsucht, meine höchste Ehre. Du bist eine Freude meiner Gottheit ... ein kühlender Strom für meine Begeisterung.«* Für Mechthild ist das süße Treiben zwischen Gott und der Seele Realität – alles verzehrend und doch erfüllend. Die erstaunliche Konkretheit von Mechthilds Bildern, die selbstverständliche Körperlichkeit täuscht etwas, wenn sie nur oberflächlich gelesen wird. Man könnte meinen, sie feiere die Sinne, den Körper und die Sexualität nur um ihrer selbst willen. In gewisser Weise tut sie das auch – völlig legitimerweise –, aber die Leser ihrer Zeit haben eindeutig verstanden, dass sie die angenehmen Erfahrungen aus dem physischen Bereich auch als Vorahnungen oder Andeutungen eines Erwachens in höchster Freude interpretiert. Anstatt scharf zwischen dem körperlichen und dem spirituellen Bereich zu unterscheiden und den körperlichen abzulehnen, was damals durchaus üblich war, verbindet sie beide in einer natürlichen Art und Weise: Alles in diesem Leben hat seine eigene Heiligkeit. So versöhnt

Mechthild Sexualität und Spiritualität miteinander – ohne Frage auch ein Vorbild für heute.

Mechthild verstand ihr Leben als Botschaft an die Gläubigen und Geistlichen, denn sie sah die Kirche in Gefahr, von innen ausgehöhlt zu werden. Ihre eigene einzigartige Beziehung zu Gott sollte die Menschen zu einer stärkeren, leidenschaftlicheren Spiritualität inspirieren. Heute sind Gesellschaft und Kirche wieder in einem Umbruch, auch wenn sich die auslösenden Themen dieses Umbruchs von den damaligen unterscheiden. Die Kirchen sind in großer Gefahr, aufgrund kirchenrechtlicher Strukturdebatten und Äußerlichkeiten ihre (mystisch spirituellen) Wurzeln zu vernachlässigen. Da Gott in jedem Menschen ganz persönlich da ist, kommt es auch auf alle an. Jeder Mensch ist gleich wichtig, gleich bedeutsam. Ich halte es für essenziell, dies sowohl im persönlichen Bekanntenkreis als auch in kirchlichen Gremien immer wieder zu betonen und das Gespräch auf das Wesentliche zu lenken: die spirituelle Erneuerung, das zeitgemäße Schöpfen aus den Wurzeln der mystischen Tradition und ihr Übertragen in unsere heutige Zeit. Mechthild und die Beginen sind mir mit ihrer freimachenden Spiritualität hierbei eine wichtige Hilfe.

Übungen für den Alltag

- *Ich meditiere immer wieder und in den verschiedensten Lebenslagen den Satz: »Ich bin eine Freude Gottes.«*
- *Ich setze mich in meinem Alltag dafür ein, dass Frauen und andere Menschen, die aufgrund ihres Geschlechts, ihrer Religion, ihrer sexuellen Orientierung oder aus anderen Gründen häufig benachteiligt sind, nicht mehr diskriminiert werden.*
- *Ich löse mich immer mehr von dem Gedanken, dass Sexualität und Spiritualität Gegensätze sind. Ich vereine sie in meinem konkreten Alltag.*

»Alles wird gut sein und alle werden gut sein«

JULIANA VON NORWICH (1342-1416)

Eine meiner Lieblingsmystikerinnen ist die englische Reklusin Juliana von Norwich (1342–1416). Sie erlebte ihre sechzehn »Offenbarungen der Liebe Jesu« an einem Maiabend im Jahr 1373, als sie sehr krank und dem Tod nahe war. Bekannt wurde, dass sie in einer dieser Visionen eine teilweise verdunkelte Mondscheibe sah, was sie so deutete, dass das Kirchenjahr ein eigenes Fest für die Eucharistie bräuchte. So entstand das Fronleichnamsfest. Leider ist weniger bekannt, dass sie eine faszinierende Mystikerin war.

Julianas Interpretation ihrer Gotteserfahrung unterscheidet sich sehr von den religiösen Ansichten, die zu ihrer Zeit üblich waren. Sie basiert nicht auf Sünde, Scham, Schuld, Angst vor Gott oder der Hölle. Stattdessen strahlt sie Freude, Freiheit, Intimität und Hoffnung aus. Juliana war der Überzeugung, dass Gott alle gleich liebt, die Seele Christi genauso wie »die geringste Seele«. Gott kann Christus heute nur in uns Menschen sehen, weil wir räumlich und zeitlich der erweiterte Leib Christi sind. Sie stellt fest, dass Jesus Christus uns mit der *»großen Wurzel unseres Seins«* verbindet. Gott ist unsere Mutter genauso wahrhaftig wie Gott unser Vater ist. Wir kommen aus seinem Mutterleib. Wir sind nicht einfach von Gott gemacht; wir sind »aus Gott« gemacht, also basieren wir auf den Wünschen Gottes. So begegnen wir Gott in unseren wahren Tiefen, unserem wahren Selbst. Und wir werden ihn kennen, wenn wir uns selbst kennen. Gott ist in allem, schreibt Juliana.

Wie vielen anderen MystikerInnen hat man ihr vorgeworfen, Pantheistin zu sein, also die Ansicht zu vertreten, dass die ganze Welt göttlich, aber eher unpersönliche göttliche Materie sei. Doch sie sah und erfuhr Gott in allem, war also Panentheistin, was ein wesentlicher Unterschied ist. Für sie ist Gott mit den Sinnen erfahrbar; so spricht sie zum Beispiel davon, ihn zu riechen, ihn mit den Wassern und Säften der Erde zu schlucken, ihn im menschlichen Körper und im Körper der Schöpfung zu fühlen. *»Wir können die tiefsten Geräusche in uns hören«*, sagt sie. Was Juliana hört, ist, dass wir alle eins sind. Je tiefer wir uns in unserem eigenen Wesen bewegen, desto näher kommen wir Christus. Wenn wir auf unsere tiefsten Sehnsüchte hören, *»hören wir das Verlangen Gottes«*. Julianas Sprache ist oft sehr einfach, von handwerklichen Begriffen geprägt und daher gut verständlich. So stellt sie fest, dass die Seele bei ihrer Entstehung durch einen festen Knoten mit Gott verbunden und daher für immer heilig gemacht wurde. Darüber hinaus möchte Gott, dass wir wissen, dass alle Seelen in diesem Knoten zusammengewachsen sind. Julianas Verhältnis zu Gott ist sehr unkompliziert, sie kann mit ihm wie mit einem großen Bruder, einer großen Schwester sprechen, ja, in seiner Gegenwart einfach loslachen. Diese tiefe Freude, dass Gott sie liebt, sie erlöst hat, zieht sich wie ein roter Faden durch ihr gesamtes Werk und ist mir sehr sympathisch.

Wenn ich Julianas Worte lese, fällt mir immer eine gewisse Ähnlichkeit zwischen ihrer und unserer Zeit auf. Norwich, eine Stadt nordöstlich von London, wurde damals schlimm von der Pest getroffen, die als der Schwarze Tod bekannt ist und drei Viertel der BewohnerInnen dahinraffte. Auch unsere Zeit ist von Unsicherheit, unvorstellbarem Leiden, von der Pandemie und scheinbar fortwährender Gewalt und Kriegen geprägt. Ihre Worte können uns heute wie damals den Weg zum inneren Frieden zeigen. Mehr als nach theologischen Erklärungen hungern viele Menschen in unserer Gegenwart nach Liebe, nach Anerkennung. Unsere Herzen sehnen sich nach jemandem, dem wir absolut vertrauen können. Während die Kirchen heute allzu oft als vertrauenswürdige Instanzen ausfallen, ist Julianas mystische Spiritualität, auch wenn sie bereits aus dem 14. Jahrhundert stammt, »heimelig«, bodenständig und vertrauenswürdig. Immer wieder versichert sie jedem von uns, dass Gott bedingungslos in uns Menschen lebt.

Übungen für den Alltag

- *Ich höre in mich hinein:*
  Wie habe ich Gott bis jetzt in meinem Leben erfahren?
  Mit welchen Sinnen?
- *Bringe ich Freude und Glück in Zusammenhang mit Gott?*
- *Wie spreche ich mit Gott?*
  Kann ich mit ihm / mit ihr auch lachen?

Engel des Friedens auf Erden

NIKLAUS VON FLÜE (1417-1487)
UND DOROTHEE WYSS (ca. 1430-ca. 1495)

»Friede ist immer in Gott, denn Gott ist der Friede. Friede kann nicht vernichtet werden, Unfriede aber wird zerstört. Darum sollt Ihr darauf bedacht sein, dass Ihr immer den Frieden im Auge behaltet« – unter anderem wegen dieses Ausschnittes aus dem Brief, den der Mystiker Niklaus von Flüe, damals und heute fast schon zärtlich »Bruder Klaus« genannt, 1482 an den Rat von Bern schreiben ließ, wurde er zum Nationalheiligen der Schweiz und zum Friedensheiligen Europas.

Niklaus wird 1417 in Flüeli Ranft im Schweizer Kanton Obwalden geboren. Was geschieht in diesem Jahr sonst noch? In Konstanz findet das Konzil statt, zwei Jahre vor Niklausens Geburt brennt Jan Hus dort. In Frankreich tobt der Hundertjährige Krieg, Jeanne d'Arc ist fünf Jahre alt. In Basel brennt die Stadt. In München wird das erste »Hacker-Pschorr«-Bier gebraut.

1444 heiratet er die erst vierzehnjährige Dorothee Wyss, sie bekommen fünf Söhne und fünf Töchter. Am Gallustag, dem 16. Oktober 1467, verlässt Niklaus nach einem mehr als zweijährigen

Prozess der Auseinandersetzung mit der Zustimmung seiner Familie den Hof. Ohne diese Zustimmung hätte Bruder Klaus nie gehen können und wäre er auch nie gegangen. Deshalb gehören für mich der »Ranftheilige« und seine Frau Dorothee untrennbar zusammen. Nachdem zu Hause alles geklärt ist, will er als Büßer in die Fremde, wohl ins Elsass zu der spirituellen Gemeinschaft der »Gottesfreunde«, kehrt dann aber zurück und lässt sich als Einsiedler im Ranft, einer tiefen Schlucht am Rand seines Heimatortes, nieder. Bruder Klaus geht im Dialog mit seiner Familie und in enger Abstimmung mit seiner Frau Dorothee Wyss stehend, seinen ganz eigenen Weg. Er trennt sich von ihnen in Frieden, sieht seine Kinder und seine Frau immer wieder, wenn sie ihn besuchen. Für mich ist diese Lösung eine Möglichkeit »friedlich getrennt« zu leben, auch und gerade heutzutage.

Bald spricht sich herum, Bruder Klaus lebe ohne Speise und Trank. Das bestätigte die Obwaldner Regierung nach einer strengen Prüfung. Nicht irgendwo in der Fremde, sondern unweit der Orte, wo er bisher als Bauer, Vater und Politiker gewirkt hatte, lebt Bruder Klaus fortan als Einsiedler im Ranft. Viele Menschen suchen ihn auf, weil er weiß, wovon er spricht. Er gibt den Frauen und Männern aus der Umgebung, die zu ihm kommen, keine lebensfernen Ratschläge, sondern er kennt sich in ihren Alltagssorgen aus. Es kommen aber auch Bischöfe, Äbte und Priester, die seinen rechten Glauben prüfen, unter anderem im Auftrag der Inquisition. Doch auch sie bewundern ihn. Ausländische Fürsten wie Erzherzog Sigismund von Österreich und der Herzog von Mailand schicken Gesandtschaften. Es kommen ferner Neugierige und Plagegeister, die Bruder Klaus belästigen. »Bruder Klaus hat die Welt geflohen und nun kommt die Welt zu ihm«, heißt es bald. Er vermittelt in Streitsachen und mahnt zum Frieden.

Nach dem historischen Lexikon der Schweiz gilt sein vermittelnder Einfluss am Stanser Verkommnis (Vertrag von Stans) 1481 als erwiesen, womit er die Eidgenossenschaft vor einem Bürgerkrieg bewahrte. Niklaus von Flüe war als Mystiker an Dingen des Alltags interessiert. Er beobachtete die politischen Ereignisse und wurde auch in solchen Angelegenheiten um Rat gefragt. Er schaute hin und lebte mit den Menschen. Am 21. März 1487 stirbt Bruder Klaus nach hartem Todeskampf in Anwesenheit seiner Familie auf dem Boden seiner Zelle.

Seine Erfahrungen und Überlegungen zum Frieden lassen sich in einfache Worte fassen. Er selbst konnte weder lesen noch schreiben. Schon als Richter und Mediator hat Niklaus erfahren, was zum Frieden führt: »Gehorsam ist die größte Ehr, die es im Himmel und auf dem Erdreich gibt. Darum sollt ihr schauen, dass ihr einander gehorsam seid.« Ich finde, es lohnt sich, den Begriff »Gehorsam« näher zu bedenken. Die Silbe »ge« meint einerseits mehrere zusammen, mehrere Berge sind beispielsweise ein Ge-birge, mehrere Büsche sind ein Ge-büsch. Sie bezeichnet aber auch einen Prozess: Etwas, das friert, ge-friert, jemand, der heilt, hat am Ende ge-heilt.

Niklaus ist hier sehr stark durch das Gedankengut von Benedikt von Nursia und Franziskus beeinflusst. In den Schriften des »Armutsheiligen aus Assisi« kommt doppelt so häufig das Wort »Gehorsam« wie »Armut« vor. In »Gehorsam« steckt horchen, hören, aufeinander hören, und meint, das Anliegen und die Sorgen des Gegenübers, seine Verletzungen und Träume anhören, aufnehmen und verstehen. Das setzt natürlich voraus, dass Menschen miteinander reden, über alles, erst recht über Unangenehmes, denn genau daran wächst man. Es darf im ehrlichen Gespräch von Herz zu Herz keine Tabus geben. Einen Konflikt, unterschiedliche Meinungen um einer oberflächlichen, vordergründigen Harmonie willen totzuschweigen, ist auf Dauer kein sinnvoller Weg, um miteinander wirklich zu leben.

Mit »Gehorsam« ist auch ein »einander Gehorchen« gemeint. Das bedeutet, dem Mitmenschen einen Schritt entgegenzugehen, mit ihm ins Gespräch kommen und nach einer Lösung suchen. Mit der Regel vom »einander Gehorchen« begründet Bruder Klaus einen neuen Umgangsstil, auch im familiären Bereich, und eine neue Kultur im politischen Umfeld.

»Gehorsam« heißt also, zusammen, miteinander, aufeinander zu hören, gemeinsam Perspektiven zu entwickeln, miteinander unterwegs zu sein. Hören, wie sich die Liebe Gottes in unserer Zeit darstellt. Und ganz wichtig: Das alles geschieht auf Augenhöhe und so, dass alle es verstehen können. Gehorsam ist ursprünglich kein hierarchischer Prozess, sondern so verstanden ein Grundbegriff der Kommunikation, des partnerschaftlichen Führungsstils. Nicht umsonst sind Managementkurse, die sich dieser Haltung verschrieben haben, heute überfüllt. Immer mehr Unternehmen schließen sich diesem Konzept an.

Im Unterschied zu vielen seiner Zeitgenossen ist Bruder Klaus ein Heiliger, der nicht beziehungsweise kaum mit erhobenem Zeigefinger droht. So heißt es im »Brief an die Stadt Konstanz«:

»Dies schreibe ich Euch nicht, weil ich meinte, Ihr hättet nicht den rechten Glauben, ich zweifle nicht daran, dass Ihr gute Christen seid. Ich schreibe es Euch zur Erinnerung, damit Ihr ritterlich Widerstand leistet, denn der böse Geist gibt nicht auf. Umso mehr ist Gott mit Euch!«

Keine Drohung, kein Niedermachen, keine Höllenvisionen. Vielmehr geht es Niklaus darum, zu erinnern, also mitzuhelfen, dass die Menschen das Gesagte in ihr Inneres, in ihr Herz sinken lassen, wo es weiterwirkt, und zwar nicht, damit die Menschen den rechten Glauben haben, sondern weil sie ihn haben. Heute nenne ich das »positiv motivieren«.

»Wo Frieden ist, da bin ich gegenwärtig. So ist es auch an Euch, dem frommen, andächtigen Christen, dass Ihr zu Gott ganz ernsthaft betet, zu ihm, dem Inhaber des Friedens. Auch mögt Ihr allen, die Ihr kennt, entschieden dazu raten, damit unsere Freunde und wir wieder in freundlichem und gutem Willen miteinander auskommen. An uns soll es nicht liegen, zu einer gütlichen Einigung zu gelangen. Denn wir meinen, dies wäre gut und nützlich für beide Seiten. Beide ehren wir damit Gott mehr und sind dann auch selbst zufrieden.«

Wieder sagt er hier uns Christinnen und Christen, wer und was wir sind und sollen: miteinander auskommen, uns vertragen. Damit ehren wir Gott und – ich denke, das ist Bruder Klaus genauso wichtig – sind auch selbst zufrieden. Das will er erreichen: zufriedene Menschen.

»Mein Rat ist auch, dass Ihr großzügig seid, denn ein Gutes gibt stets das andere. Wenn die Angelegenheit aber nicht freundschaftlich geregelt werden kann, dann wendet den Rechtsweg erst als letztes Mittel an.«

Großzügig sein, weil diese Haltung »ansteckend« ist. Ich bin sicher, Bruder Klaus' Gottesbild war das eines großzügigen Gottes. Er ist so, und deshalb sollen wir Menschen es unserem Schöpfer nachmachen.

Übungen für den Alltag

- *Worüber rede ich ungern?*
  Was fällt mir schwer? Warum?
- *Wem gegenüber bin ich großzügig?*
  Wem gegenüber nicht?
- *Mit wem möchte ich mich versöhnen?*
  Was macht mir Mut dazu?
  Was hindert mich daran?
- *Was hindert mich daran, in meine Tiefen zu gehen?*
  Was ist mir wirklich wichtig?

»Der Fortschritt der Seele besteht im vielen Lieben«

TERESA VON ÁVILA (1515-1582)

»Beten heißt, mit Gott sprechen wie mit einem Freund.« Es ist viele Jahre her, dass mir dieser Satz der großen Mystikerin Teresa von Ávila geholfen hat, mehr und mehr vom formelhaften Gebet wegzukommen. »Das ist es«, dachte ich damals. Und langfristig war es das auch, ist es bis heute. Dennoch war da ein »Aber«: Was heißt »sprechen«? Was heißt »mit einem Freund / einer Freundin sprechen«? Teresa sagt mir, dass es um ein Sprechen jenseits der Oberflächlichkeit, der »flotten Sprüche« geht, dass es vor allem Kommunikation, ein Herzensdialog über Dinge ist, die uns wichtig sind – Gott und mir. Wenn das so ist, dann geht es im Beten um Gott und mich. Nicht um einen Gott, der fernab im Himmel thront, sondern um den Lebendigen oder auch die Lebendige, der / die in meinem Herzen wohnt, in den Herzen aller Menschen, und dem / der nichts zu banal, nichts peinlich ist, wo alles sein darf, auch ich, so, wie ich wirklich bin. Und ich spüre: Beten ist Alltag, ist keine religiöse Sonderwelt mit auswendig gelernten Texten, die sich vielleicht sogar noch reimen müssen. Konkreter: Mich quält etwas, es liegt mir auf der Seele. Da gibt es zwei Möglichkeiten: Ich fresse es in mich hinein, überspiele es und es geht irgendwie vorbei. Das Ergebnis: innere Einsamkeit. Oder ich rede drüber, teile das Geschehene ehrlich mit und werde spüren, wie gut es tut, mit dem Schmerz nicht allein zu sein. Dasselbe gilt übrigens auch für große Freude, einen Erfolg, den ich offen mitteilen kann, ohne Angst, dass andere es als Angeberei verstehen werden. Eine »Gebetsschule« wäre für mich dann eine Kommunikationsschule. Beten lernen heißt, miteinander reden zu lernen, anstatt sich anzuschweigen oder sich in Oberflächlichkeit zu flüchten.

Doch was hat all das mit Teresa zu tun? Geboren wird sie als Teresa Sánchez de Cepeda y Ahumada im März 1515 in Ávila, Spanien. Teresa ist sehr den Menschen zugewandt, aber auch früh auf der Suche nach Gott. Eine tiefe Angst vor der ewigen Verdammnis prägt sich ihr ein, oder besser: wird ihr durch die Erziehung eingeprägt. Bald nach dem Tod der Mutter gibt der Vater sie in ein Augustinerinnen-Internat, das sie jedoch nach kurzer Zeit wegen Krankheit wieder verlassen muss. Bis sie achtzehn wird, beschäftigt sich Teresa mit ihrer Rolle als Tochter aus gutem Haus, auch mit der Aussicht zu heiraten. Ein Liebesabenteuer wird den jungen Frauen damals zugestanden, und Teresa lässt sich darauf ein: Pedro heißt er. Zurück bleibt eine große Ernüchterung. Sie schreibt darüber: *»... es ist kein kleines Kreuz, seinen Verstand dem zu unterwerfen, der keinen hat. Ich habe das nie vermocht und es scheint mir auch nicht richtig zu sein.«* Sich niemandem unterzuordnen, nicht dem Vater, nicht einem Ehemann, das ist es, was sie sich für ihr Leben vorstellt. *»Für Frauen gibt es noch einen anderen Weg: die Entdeckungsreise nach innen«*, sagt sie.

1535, also mit zwanzig Jahren, tritt sie trotz Verbotes ihres Vaters heimlich in den Karmel »Zur Menschwerdung Jesu Christ« in Ávila ein. Welch ein mutiger Schritt, denn der Vater hätte zustimmen und Unterhalt zahlen müssen! Teresa nimmt ihr Leben selbst in die Hand – und scheitert zuerst einmal: achtzehn Jahre währt der leidvolle Aufenthalt in dieser »Kaserne zur Versorgung möglichst vieler unverheirateter Frauen aus gutem Haus«. Teresa erreicht ihre Lebensmitte. Da macht sie in der Fastenzeit 1553 eine tiefe spirituelle Erfahrung der Liebe Gottes, der in ihr wohnt, während sie eine kleine Statue Jesu, des »Schmerzensmannes«, betrachtet. Teresas psychische Verkrampfung löst sich, sie entwickelt sich zur souveränen Frau. War anfangs ihre eigene Unzulänglichkeit ihre größte Sorge, ausgedrückt in dem bekannten Satz: *»Ich bin ein Weib, und obendrein kein gutes«*, hat sich das jetzt grundsätzlich gewandelt. Sie wird aktiv, geht nach außen und macht sich Gedanken über das Ordensleben. Neun Jahre nach der einschneidenden Vision kommt es zum zweiten großen, dieses Mal öffentlich beachteten Wendepunkt in Teresas Leben: Zusammen mit vier Schwestern gründet sie ihr erstes eigenes Kloster.

In den verbleibenden zwanzig Jahren ihres Lebens erfolgen siebzehn weitere Klostergründungen in ganz Spanien. Dabei ist es Teresa wichtig, dass ein zurückgezogenes Leben in der Klausur kein Selbstzweck sein soll. Vielmehr dient es dem Sammeln von Kräften, um intensiv nach außen für die Mitmenschen wirken zu können – Diakonie im besten Sinn: *»Wer in die Meditation eintaucht, taucht beim Nächsten wieder auf.«*

Im Sommer 1572 holt Teresa Johannes vom Kreuz (s. u.) als Spiritual und Beichtvater in den inzwischen auf etwa zweihundert Schwestern angewachsenen Konvent in Ávila. Mit ihrer auf *suavidad* (Sanftmut) und nicht auf dem damals üblichen Rigorismus beruhenden geistlichen Führung gelang es ihnen, dort eine wirkliche Erneuerung zu erreichen. Zwei Sätze, die ihre Grundeinstellung deutlich machen: *»Der Fortschritt der Seele besteht nicht im vielen Denken, sondern im vielen Lieben.«* Und: *»Gott spricht: ›O Seele, suche dich in mir, und Seele, suche mich in dir‹.«*

Teresa erweist sich als sehr lebensklug und geschickt. Sie verhandelt offen oder heimlich mit allen erforderlichen Stellen, schlägt sich mit der Inquisition herum, gewinnt den spanischen König Philipp II. als Förderer, ist geschäftstüchtig im Organisieren, ständig mit dem Ochsenkarren unterwegs. Zwei Sätze aus der damaligen Zeit: »Gott sitzt neben mir auf dem Ochsenkarren« und »Gott ist Herr der Töpfe und Pfannen«. Sie führt ein sehr bewegtes Leben mit Höhen und Tiefen, in dem sie sogar fünf Jahre im Gefängnis verbringt. In enger Zusammenarbeit mit Johannes vom Kreuz wird sie zudem auch Gründerin der männlichen Sektion des Teresianischen Karmels – was für eine Frau damals wirklich unerhört war. Das folgende Gebet stammt von Teresa, obwohl man glauben könnte, dass es deutlich jünger ist:

»Herr meiner Seele! Als du noch in dieser Welt wandeltest, hast du den Frauen immer deine besondere Zuneigung bewiesen. Fandest du doch in ihnen nicht weniger Liebe und Glauben als bei den Männern. Die Welt irrt, wenn sie von uns verlangt, dass wir nicht öffentlich für dich wirken dürfen, noch Wahrheiten aussprechen, um derentwillen

wir im Geheimen weinen und dass du, Herr, unsere gerechten Bitten nicht erhören würdest.

Ich glaube das nicht, Herr, denn ich kenne deine Güte und Gerechtigkeit, der du kein Richter bist wie die Richter dieser Welt, die Kinder Adams; kurz, nichts als Männer, die meinen, jede gute Fähigkeit bei einer Frau verdächtigen zu müssen. Aber es wird der Tag kommen, mein König, wo dies alles bekannt wird. Ich spreche hier nicht für mich selbst, denn die Welt kennt meine Schwachheit, und das ist mir lieb. Aber ich werfe unserer Zeit vor, dass sie starke und zu allem Guten begabte Geister zurückstößt, nur weil es sich um Frauen handelt.«

Der Text begleitet mich schon lange, und er hat leider bis heute nichts von seiner Aktualität verloren. Kirchenmänner verzichten noch immer auf die vielfältigen Talente und Fähigkeiten von Frauen, nicht nur im Sakrament der Weihe. Vielen ist nach wie vor die Bewahrung geltender Traditionen und das aktuelle Kirchenrecht wichtiger als der Aufbau lebendiger Gemeinden. Unsere Kirche steht zwar nach außen mutig für die Menschenrechte ein, intern jedoch findet dieser Maßstab keine Anwendung – eine klare Diskrepanz im Sinn eines glaubwürdigen Zeugnisses.

Es braucht also auch heute Menschen wie Teresa: Menschen, die aufstehen, sich sichtbar und hörbar für die gleiche Würde und die gleichen Rechte aller einsetzen, unterwegs zu einer geschwisterlichen, einer glaubwürdigen und einer reich begabten Kirche, die ganz bei den Menschen ist.

Ein Gedanke ist mir noch wichtig und kommt mir immer wieder in den Kopf, wenn ich anderen begegne: Wie sieht es aus mit der Umkehr des Satzes von Teresa: »Beten heißt, mit Gott sprechen wie mit einem Freund«? Ist Sprechen von Herz zu Herz mit einem Freund / einer Freundin dann Beten? Ich denke: Ja!

- *Wie sieht meine Gebetspraxis aus? Wo, wie, wann, was bete ich?*
- *Nehme ich mein Leben selbst in die Hand?*
  Lebe ich oder werde ich gelebt?
- *In welchen Situationen meines Lebens bin ich mutig?*
- *Wo und wie setze ich mich für die volle Gleichberechtigung in der Kirche ein?*

»Lange bevor der Mensch Gott sucht, hat Gott den Menschen schon gefunden«

JOHANNES VOM KREUZ (1542-1591)

»Vor allem muss man wissen: Wenn der Mensch Gott sucht – vielmehr noch sucht Gott den Menschen.« Oder anders: *»Gott wurde Mensch, damit der Mensch Gott werde.«* Der Weg zu diesem Ziel ist die Liebe. Lieben heißt für Johannes vom Kreuz: In Beziehung treten, sich einlassen auf einen anderen als einem Du.

»Am Abend deines Lebens wirst du nach der Liebe gefragt«, pflegte er zu sagen, also nach den wirklichen, echten Beziehungen. Lieben heißt aber auch, »sein Ego zurücknehmen«. Johannes vom Kreuz weiß als Seelsorger um das quälende Leid, das dort entsteht, wo der Mensch anderes und andere egozentrisch an sich bindet: die Dinge, die Menschen, letztlich auch Gott. Um sich einzulassen, gilt es daher zugleich loszulassen. Dabei ist Johannes kein Moralist, es geht ihm nicht um ein befehlerisches »du musst« und »du sollst«, ihm geht es nicht um die Weitergabe methodischer Richtlinien, vielmehr ist er ein von Gott Ergriffener, der anderen Menschen helfen möchte, dass sie ebenfalls von Gott ergriffen sind.

Wer aber war Johannes vom Kreuz, außer einer der größten christlichen Mystiker der Geschichte? Als dritter Sohn des Seidenwebers Gonzales de Yepes und seiner Ehefrau Catalina wurde Juan de Yepes 1542 geboren. Ab 1559 bekam er im neu gegründeten Kolleg der Jesuiten im spanischen Medina del Campo eine fundierte Ausbildung. Er erwies sich als tüchtiger Pfleger und Almosensammler für das Hospital de las Bubas, in dem Syphiliskranke gepflegt wurden. »Wer seinen Nächsten nicht liebt, verabscheut Gott!«, ist einer seiner eindrücklichen Sätze aus jener Zeit.

1563 trat er in den Orden der Karmeliten ein und nahm den Ordensnamen Juan de San Matía an. Von 1564 an studierte er an der Universität Salamanca Theologie und Philosophie und lernte 1567 kurz nach seiner Priesterweihe Teresa von Ávila kennen, für deren Reform innerhalb des Karmelitenordens er sich begeisterte. Nach Beendigung seiner Studien begann Johannes am 28. November 1568 unter dem Ordensnamen Juan de la Cruz (»Johannes vom Kreuz«) mit weiteren Mitbrüdern nach den Vorstellungen Teresas zu leben. Im sich rasch ausbreitenden Orden der Unbeschuhten Karmelitinnen (»Teresianischer Karmel«) wurde Johannes vom Kreuz ab Frühjahr 1572 Beichtvater im Karmel von der Menschwerdung in Ávila. Zusammen mit Teresa reformierte er den Karmeliterorden, indem sie zu Gebet, Einfachheit und Armut zurückkehrten. »Gebet ist nicht nur ein Loblied auf die Liebe Gottes, sondern auch auf die Würde des Menschen, der zu Größerem berufen ist, als den meisten Menschen bewusst ist«, sagte er. Die meisten Priester des Ordens nahmen den Vorschlag, dass sie reformiert werden müssten, nicht eben freundlich auf und forderten von Johannes, seine Beteiligung per sofort einzustellen. Dieser gab zur Antwort, dass er nicht aufhören würde, weil er in seinem Herzen erkannt habe, dass Gott ihn berief, um mit dieser Arbeit fortzufahren. Man nahm ihn gefangen und steckte ihn für neun Monate in eine kleine dunkle Gefängniszelle mit wenig Schutz vor den Elementen. Während dieser Zeit wurde er mehrmals aus seiner Zelle geholt, bis zur Taille ausgezogen und ausgepeitscht. Natürlich fühlte er sich verloren, nicht nur wegen der Schwere seiner Inhaftierungsbedingungen.

So erlebte er die damalige spanische Kirche! Juan durchlief das, was wir heute als spirituelle Traumatisierung bezeichnen und er selbst als »dunkle Nacht des Glaubens« beschrieb. Er verlor zeitweise den Erfahrungszugang zu Gottes nachhaltiger Gegenwart und machte die Erfahrung totaler Ohnmacht. Ich denke, es war und ist eine der akuten Formen des Leidens, die ein Mensch kennen kann: die Erfahrung der bevorstehenden Vernichtung und die Angst, dass Gott ihn verraten hat. Genau in dieser Erfahrung der »dunklen Nacht« können wir von Johannes lernen, wie wir den Weg zu einer tieferen Erfahrung und einem tieferen Verständnis der nachhaltigen Gegenwart Gottes finden können, tiefer als in institutionellen Strukturen und als angebliche Autoritätspersonen es je ermöglichen könnten.

Diese Zeit im Kerker wurde für Johannes zur eigentlichen Mitte seiner Gotteserfahrung und der daraus entstehenden mystischen Dichtung: seine Werke *Cántico espiritual* (»Geistlicher Gesang«), in dem die Menschenseele ihre Sehnsucht nach dem entschwundenen Geliebten besingt, und sein bekanntestes Gedicht »Die dunkle Nacht«. Am 15. August 1578 konnte Johannes vom Kreuz aus dem Gefängnis fliehen. In der folgenden Zeit verfasste er Kommentare zu seinen Gedichten. Darüber hinaus wirkte er in verschiedenen Klöstern der Unbeschuhten Karmelitinnen und auch außerhalb des Ordens als Beichtvater und Seelsorger.

»Wer sich auf den Weg macht, wird nur wenig Weg zurücklegen und noch dazu unter Mühsal, wenn er auf diesem Weg nicht gute Füße hat, Courage und einen mutigen Dickkopf«, sagt er selbst über sein Leben. 1591 wird Johannes vom Kreuz erneut Opfer von Richtungsstreitigkeiten im jungen Orden, weil er die Reformen von Teresas Neubegründungen gegen Rigorismus verteidigt. Von der Ordensleitung verfemt, zieht er sich nach Úbeda bei Jaén zurück, wo er am 14. Dezember 1591 stirbt.

Die Chronik des Ordens entstellte seine Vita, sodass er bis in die jüngste Zeit hinein als Rigorist und *Maestro de nada* (»Lehrer des Nichts«) galt, während er viel eher ein »Sänger der Liebe« war. Das bekannte Gebet »*Nada te turbe*«, das man nach dem Tod Teresas in ihrem Stundenbuch fand, wird nach überwiegender Ansicht Johannes vom Kreuz zugeschrieben.

Immer mehr Zeitgenossen entdecken heute seine Schriften als hilfreiche Ratgeber auf ihrem Glaubensweg. Johannes vom Kreuz war ein Mensch, der sich in Gott leidenschaftlich verliebt hatte und sich ganz auf das Abenteuer mit diesem Gott einließ. Warum? *»Lange bevor der Mensch Gott sucht, hat Gott den Menschen schon gefunden.«* Diese tiefe Glücks- und Sinnerfahrung in der persönlichen Beziehung zum in jedem Menschen verborgen-gegenwärtigen Gott wollte er auch seinen Mitmenschen nahebringen. Für mich ist er mehr als ein bloßes Vorbild. Er hat mir vorgelebt, auch in Zeiten »dunkler Nacht« mir selbst treu zu bleiben, mich nicht verbiegen zu lassen, zu mir zu stehen im Bewusstsein, das auch die dunkelste Nacht die Nacht Gottes ist, selbst wenn ich es im entsprechenden Moment weder begreife noch erfahre.

Übungen für den Alltag

- *In welchen Beziehungen lebe ich? Sind sie »echt«?*
- *Wie verhalte ich mich, wenn mir »ein eiskalter Wind um die Ohren pfeift«?*
- *Welche »dunklen Nächte« habe ich schon erlebt? Wie habe ich sie erlebt? Bin ich herausgekommen? Und falls ja: Wer oder was hat mir dabei geholfen?*

»Ich weiß, dass ohne mich Gott nicht einen Augenblick kann leben«

ANGELUS SILESIUS (1624–1677)

»Ich weiß, dass ohne mich Gott nicht einen Augenblick kann leben: Werd ich zunicht, er muss von Not den Geist aufgeben. Dass Gott so selig ist und lebet ohn Verlangen, hat er sowohl von mir als ich von ihm empfangen. Gott ist das, was er ist, ich bin das, was ich bin. Doch kennst du einen wohl, so kennst du mich und ihn.«

Wer diese Zeilen aus dem »Cherubinischen Wandersmann« des Angelus Silesius hört, mag erschrecken oder fasziniert sein, kalt lassen werden diese provokanten Zeilen des streitbaren Mystikers nur wenige. Der Basler Theologe Karl Barth nannte die paradoxen Bilder des Angelus Silesius »fromme Unverschämtheiten«. Jenseits aller Kontroversen gelten sie bis zur Gegenwart als Höhepunkte der Barocklyrik. Angelus Silesius (lateinisch für Schlesischer Bote/Engel, sein eigentlicher Name war Johannes Scheffler) wurde am Weihnachtstag 1624 getauft. Sein Geburtsdatum ist nicht bekannt. Er besuchte von 1639 bis 1643 das St. Elisabeth-Gymnasium in Breslau, Polen, wo er erste lateinische Gelegenheitsgedichte schrieb. Als er dreizehn Jahre alt war, starb sein Vater. Wenig später verloren er und seine beiden Geschwister auch die Mutter.

In Straßburg begann Johannes Scheffler 1643 ein Studium der Medizin und des Staatsrechts, danach ging er von 1644 bis 1647 nach Leiden in den Niederlanden und schließlich an die Universität Padua in Italien, wo er 1648 zum Doktor der Philosophie und der Medizin promoviert wurde. In Leiden machte Scheffler Bekanntschaft mit den Werken des Philosophen und Mystikers Jakob Böhme. Ihn bezeichnete er später als »Ursache«, dass er zur Erkenntnis der Wahrheit gekommen und sich zur katholischen Kirche bekannt habe. Er empörte sich darüber, dass in der lutherischen Kirche so viel engherzige

Rechtgläubigkeit herrscht, die mystische Texte verwirft oder zensiert. 1653 tritt Scheffler deshalb zum Katholizismus über und wird 1661 zum Priester geweiht. Seit dieser Zeit nennt er sich Angelus Silesius. Sein Konfessionswechsel hatte großes Aufsehen erregt und ihm harsche Kritik von reformatorischer Seite eingetragen. So fühlte er sich veranlasst, eine Art Rechtfertigungsschrift zu veröffentlichen: »*Wegen der kurzen Verfassung könnte man den Versen leicht einen verdammlichen Sinn oder böse Meinung geben, nachdem folgende Reime viel seltsame Paradoxa oder widersinnige Reden wie auch sehr hohe und nicht jedermann bekannte Schlüsse enthalten. Und ist hiermit einmal für allemal zu wissen, dass des Urhebers Meinung nirgends sei, dass die menschliche Seele ihre Geschaffenheit könne verlieren und durch die Vergottung in Gott oder sein ungeschaffenes Wesen verwandelt werden, welches in alle Ewigkeit nicht sein kann.*«

Als seine Vorbilder und Lehrmeister nennt Angelus Silesius unter anderen Augustinus sowie die MystikerInnen Bernhard von Clairvaux, Meister Eckart, Mechthild von Magdeburg, Johannes vom Kreuz und Johannes Tauler.

Von 1664 bis 1666 ist er Hofmarschall des Breslauer Fürstbischofs Sebastian von Rostock. Ab 1666 zog sich Angelus Silesius ins Stift St. Matthias in Breslau zurück und führte bis zu seinem Tod dort ein zurückgezogenes, einfaches Leben als Arzt für Arme und Kranke. Er verschenkte sein gesamtes Vermögen, sorgte für die Ausbildung von Waisenkindern und behandelte unentgeltlich mittellose Patienten. Angelus Silesius starb 1677 nach längerer Krankheit und wurde in der Breslauer Matthiaskirche beigesetzt.

Mich fasziniert an ihm am meisten, dass nach seiner Ansicht in gut mystischer Tradition in jedem Menschen Gott geboren wird. Was nützt es, wenn Maria vor rund zweitausend Jahren den Sohn Gottes zur Welt brachte, er aber nicht in jeder Person, Zeit und Kultur zur Welt gebracht wird? Wir alle sind Mütter Gottes. Ganz konkret bringt mich diese Botschaft des Angelus Silesius dazu, das Weihnachtsfest zu überdenken. Für ihn geht es an diesem Fest nicht nur darum, die Geburt Jesu als Sohn Gottes zu feiern. Das zwar auch und sehr gerne und feierlich, aber das Fest verliert an Bedeutung, wenn es nicht auch um unsere fortwährende Geburt als Kinder Gottes geht. Darüber hinaus ist Maria dann nicht mehr einzigartig. Wir alle sind *»andere Marias«*. Wir alle gebären Jesus in unserem Alltag und in unserer Persönlichkeit. Diese Lehre sorgt für ein relativ unsentimentales Weihnachtsfest, das jedoch voller Freude und Möglichkeiten steckt. Was für ein Privileg ist es, gleichsam Gottes Gegenwart auf dieser Erde zu manifestieren beziehungsweise ihn zu inkarnieren! Die volle Bedeutung von Weihnachten ist, dass dieses eine universelle Geheimnis der göttlichen Menschwerdung auch für uns bestimmt ist und in uns weitergeht. Diese inkarnatorische Weltanschauung ist die tiefe Anerkennung der Gegenwart Gottes in buchstäblich allem und allen. Kein Wunder, dass sich bei Karl Rahner in einer seiner Meditationen der fulminante Satz findet: »Seit Weihnachten ist es dem Menschen verwehrt, von sich selbst gering zu denken, weil er dann gering dächte von Gott.« So wird folglich der Mensch, der sich bewusst ist, dass in seiner Mitte Gott wohnt, ein barmherziger Mensch sein, weil er genau dies überall wahrnimmt. Er erkennt die Gegenwart Gottes in allen Menschen, in allen Geschöpfen. Mit ihnen fühlt er sich deshalb intensiv und solidarisch verbunden.

Thomas Keating, ein amerikanischer Trappistenmönch und einer der bekanntesten Mystiker unserer Zeit, kann dann berechtigterweise schreiben: »Das Einzige, was uns von Gott trennt, ist unser Gedanke, dass wir von Gott getrennt sind.«

Zu diesem Verständnis von Gottes Sein im Menschen passt die Geschichte von James Nyler, einem der ersten Quäker in England. Er ritt 1656, also zu Lebzeiten des »schlesischen Engels« – wie Jesus am Palmsonntag auf einem Esel in die Stadt Bristol ein, begleitet von Männern und Frauen, die riefen: »Heilig, heilig, heilig!« Natürlich wurden sie alle von der Obrigkeit sofort festgenommen. Bei der Durchsuchung Nylers fand man Schriftstücke, in denen er als »Jesus Christus« bezeichnet wurde. Von den Offiziellen befragt, ob er tatsächlich behaupte, wie Jesus Gottes Sohn zu sein, antwortete er: »Natürlich bin ich das, wie jeder andere Mensch auch.« Daraufhin wurde er ausgepeitscht und man brannte ihm ein B für Blasphemiker in die Stirn. Was war Nylers Fehler? Er dachte zu groß vom Menschen, und das machte ihn gefährlich. Gottessöhne und Gottestöchter sind nicht immer ruhige und gefügige Untertanen. Ihre Quelle ist die mystische Spiritualität und in ihr finden sich die Gedanken und Einsichten von Persönlichkeiten wie Angelus Silesius.

Übungen für den Alltag

- *Wie feiere ich Weihnachten und warum?*
- *Wie fühle ich mich, wenn ich höre, dass in mir Gott geboren wird, ich also eine Mutter Gottes bin?*
- *Ich mache eine Atemmeditation: beim Einatmen sage ich: »Gott und ich«, beim Ausatmen: »Wir sind eins.«*

»Lasst euch von Gott finden in der Armut eines banalen Lebens«

MADELEINE DELBRÊL (1904–1964)

Von meinem Vater, der Beamter bei der Deutschen Bundesbahn war, habe ich die Leidenschaft für das Zugfahren geerbt. Als ich vor Jahren in einer Biografie der französischen Mystikerin Madeleine Delbrêl las, dass ihr Vater ebenfalls Eisenbahnbeamter war, begann ich auch deshalb, mich mit ihr zu beschäftigen – und es hat sich gelohnt. Ich habe in ihr eine »Mystikerin des Alltags« entdeckt. Für viele gläubige Christinnen und Christen gibt es unterschwellig immer noch zwei Welten: die profane, alltägliche Ebene einerseits und »Gott im Himmel« andererseits, der dann sonntags oder zu besonderen Zeiten wie Weihnachten, Ostern, Erstkommunion oder Hochzeit ins Spiel kommt. Mit Madeleine Delbrêl bin ich aber davon überzeugt, dass

Gott uns überall begegnet, dass wir ihn, dass er uns mitten im Alltag findet, egal, wo sich dieser abspielt: »Warum sollte der Lerchengesang im Kornfeld, das nächtliche Knistern der Insekten, das Summen der Bienen im Thymian unser Schweigen nähren können – und nicht auch die Schritte der Menschenmenge auf den Straßen, die Stimmen der Marktfrauen, die Rufe der Männer bei der Arbeit, das Lachen der Kinder im Park, die Lieder, die aus der Bar dröhnen?« Das gilt es jeden Tag auch in kleinen Schritten zu leben, zum Beispiel in der Begegnung mit anderen Menschen.

Am 24. Oktober 1904 wurde Madeleine Delbrêl in Mussidan, Frankreich, geboren. Da ihr Vater wie erwähnt Eisenbahnbeamter war und ihm die Familie an die Orte seiner häufigen Versetzungen folgte, erhielt Madeleine Privatunterricht, der ihr genügend Raum für ihre musikalischen und künstlerischen Fähigkeiten ließ. Anfänglich begegnete sie Priestern, die in ihr einen einfachen und tiefen Glauben weckten. In Paris jedoch, wohin die Familie 1916 zog, begannen Persönlichkeiten aus dem atheistischen Literaturkreis ihres Vaters auf die künstlerisch hochbegabte junge Frau Einfluss zu nehmen. Schon als Sechzehnjährige belegte sie an der Sorbonne Vorlesungen in Philosophie und Geschichte und widmete sich künstlerischen Studien in Montparnasse. Zu dieser Zeit erhielt, wie sie im Rückblick schildert, *»die Intelligenz den ersten Platz auf meiner Stufenleiter der Werte. [...] Mit fünfzehn war ich strikt atheistisch und fand die Welt täglich absurder.«* Und als Siebzehnjährige schreibt sie: *»Gott ist tot – es lebe der Tod. Gott war von Dauer. Jetzt ist der Tod der Einzige, der dauert. Gott war allmächtig. Jetzt wird der Tod mit allem und allen fertig.«* Madeleine war zur »intellektuellen Atheistin« geworden. Mit der Zeit geriet diese Einstellung vor allem durch zwei Erfahrungen ins Wanken: Die Begegnung mit christlichen KommilitonInnen und die Liebe zu Jean Maydieu, dem Patensohn eines Freundes ihres Vaters. An ihrem neunzehnten Geburtstag fand die Verlobung statt. Kurz darauf brach Jean Maydieu die Verbindung ab und wurde Dominikanermönch. Madeleine geriet in eine tiefe Lebenskrise. Das »innere Gebet« von Teresa von Ávila gab ihr den entscheidenden Anstoß auf dem ersten Weg zur Kontemplation. Diese neue Erfahrung des Betens mündete bei Madeleine Delbrêl ganz unerwartet in die Gewissheit, dass Gott existiert – eine Erfahrung, die sie zeitlebens als überwältigende Umkehr zum Leben empfand. Noch in ihrem letzten Vortrag, kurz vor ihrem Tod 1964, sagt sie: »Ich bin von Gott überwältigt worden und bin es immer noch.« Madeleine Delbrêl überlegte, ob sie in den Karmel eintreten sollte. Aber sie entschied sich für die Pflege ihres kranken Vaters und dann für das Studium der Sozialarbeit. Nach dessen Abschluss ging sie mit zwei Gefährtinnen in die Vorstädte von Paris, nach Ivry. Dort hatte sie nichts anderes im Sinn, als die Gegenwart Gottes im Alltag zu bezeugen.

Madeleine Delbrêl nahm in dieser Zeit Einfluss auf den Aufbau des überdiözesanen Priesterseminars in Lisieux, aus dem viele Arbeiterpriester hervorgingen. Sie war als Frau und Laiin eine der Ersten, die vor Priesteramtskandidaten aus allen Diözesen Frankreichs Vorträge über ihre Erfahrungen hielt, die sie inzwischen während der zehn Jahre im kommunistischen Arbeitermilieu von Ivry gesammelt hatte. Als nach wachsenden Spannungen das Experiment der Arbeiterpriester 1954 von Rom untersagt wurde, schlug sich Madeleine weder auf die eine noch auf die andere Seite, sondern versuchte, vermittelnd auf beiden Seiten Verständnis zu wecken. Zudem wird sie zur Vorbereitung des Zweiten Vatikanischen Konzils herangezogen.

Zeitlebens litt sie an der Enge, an der Kleinkariertheit von Menschen der Kirche. Madeleine Delbrêl sprach immer wieder davon, dass die meisten ChristInnen, die sie kennenlernte, den Glauben an den lebendigen Gott mit christlicher Mentalität und Brauchtum verwechselten. Christliche Mentalität ist für sie (und auch für mich) etwas, das sich im Lauf der Zeit an Traditionen, Gebräuchen und Haltungen um den Glauben herum gruppiert. Und oft hält man das für das Eigentliche. Ich bin jedoch der Auffassung, dass der lebendige Gott in jede Zeit neu zu übersetzen ist, was immer wieder neue Fragen aufwirft und immer wieder zu verblüffenden Ergebnissen führt.

Als Madeleine Delbrêl am 13. Oktober 1964 an einem Schlaganfall überraschend starb, war sie über den Kreis ihrer FreundInnen hinaus nur wenigen bekannt. Heute sind ihre Schriften jedoch in viele Sprachen übersetzt. Ein wichtiges Thema für sie damals und uns heute ist die Frage, wie man von Gott reden kann in einer Welt, die Gott kaum oder nicht mehr kennt, in einer Zeit, in der es viele unterschiedliche Lebensentwürfe und Suchende gibt, die jedoch –aus welchen Gründen auch immer – die Angebote der christlichen Kirchen nicht anschauen. Wie kann ich von Gott reden, ohne den anderen etwas überzustülpen, ohne »bekehren« zu wollen? Für Madeleine Delbrêl kann nur der über Gott reden, dem selbst bewusst ist, dass er mit dem Geheimnis Gottes in Berührung gekommen ist. Ihre Spiritualität erlebe ich wie die vieler Mystikerinnen und Mystiker als alltagstauglich: Es gibt keine »profanen Orte« mehr, die Trennung in Welt hier und Kirche da ist aufgehoben. Im Gedränge in der U-Bahn oder an der Kasse im Supermarkt – überall begegne ich Gott im Mitmenschen. Das zentrale Wort »Liebe« hat in ihren Texten und Taten eine ganz handfeste und zupackende Bedeutung – nicht ohne Humor und jene Leichtigkeit, die aus tragendem Vertrauen kommt. Das macht ihre Texte nicht nur für mich so frisch und anregend, auch Jahrzehnte nach ihrem Tod. Ein Beispiel ist ihr berühmter Satz:

»An uns ist es, uns von dir erfinden zu lassen, um fröhliche Leute zu sein, die ihr Leben mit dir tanzen. Wir müssen uns gesundsingen und freitanzen.«

Humor, humus und *humilitas* haben nicht zufällig denselben Wortstamm: Eines ihrer Lebensmottos hieß: Demut. Das Wort stammt vom Lateinischen *humilis/humus*, was so viel heißt wie »Erde«, »Boden« und meint: geerdet zu sein, mit beiden Beinen auf der Erde zu stehen, auf dem Teppich zu bleiben, also dem heruntergekommenen Gott nachzugehen und nachzuspüren. Von Meister Eckart hat sie den Satz übernommen: »Wenn du Gott nur in der Kapelle findest und nicht im Stall und auf dem Acker, dann kennst du Gott nicht.«

- *Was bedeutet es für mich, an den lebendigen Gott im Alltag zu glauben?*
- *Wo begegnet mir Gott in meinem Alltag?*
- *Ich erinnere mich: Wer oder was hilft mir, an Gott zu glauben?*
- *Hilft mir mein Humor, schwere Situationen besser zu überwinden?*
- *Wie stehe ich zu dem Satz: »Ich tanze mein Leben mit Gott«?*

»Die längste Reise ist die Reise zu sich selbst«

DAG HAMMARSKJÖLD (1905 –1961)

Oft habe ich mich gefragt, seit wann es sie denn gibt und wer sie »erfunden« beziehungsweise erdacht hat: die »Blauhelme« der Vereinten Nationen, die in politischen Krisengebieten der Welt eingesetzt werden, erstmals in der Suez-Krise 1956. Oder auch: Woher kommt eigentlich das UN-Kriegsverbrechertribunal, das vor allem durch Urteile zu Vergehen im ehemaligen Jugoslawien und in Ruanda bekannt wurde? Es hat mich sehr überrascht, dass es Dag Hammarskjöld war, der von 1953 bis zu seinem Tod 1961 Generalsekretär der UNO und im Einsatz für die armen und armgemachten Menschen stand. Sein Leben ist ein Paradebeispiel für das glückliche Zusammentreffen von Mystik und Politik.

1905 wurde Dag Hammarskjöld als jüngster von vier Söhnen des damaligen schwedischen Premierministers geboren. Schon vor seinem zwanzigsten Lebensjahr hatte sich der Hochbegabte immer wieder Notizen gemacht. Gedichte, Gebete, persönliche Tagebucheinträge und vor allem jede Menge Zitate aus der spirituellen Tradition der Religionen fand man in seinem Nachlass. Zudem war er unter anderem 1947 und 1948 Teilnehmer der OECD-Gründungskonferenzen. Ganz in der Familientradition stehend, hatte er zuvor Ämter im schwedischen Wirtschaftsministerium inne und war im Rang eines Ministers Direktor der schwedischen Reichsbank. Von 1951 bis 1953 leitete er das Finanzministerium. Am 7. April 1953 wurde Hammarskjöld zum Generalsekretär der Vereinten Nationen gewählt und 1957 von der UN-Generalversammlung einstimmig für eine zweite Amtszeit bestätigt.

Schon bald nach seinem Amtsantritt war der unabhängige Hammarskjöld mit seinen klaren Vorstellungen für einen weltweiten Frieden vielen Lobbyisten in Wirtschaft und Politik lästig geworden. Das spätere Ergebnis: In der Nacht zwischen dem 17. und 18. September 1961, im Jahr des Mauerbaus in Berlin, kommt es zu einem vermeintlichen Unfall, der vermutlich aber ein Auftragsmord westlicher Geheimdienste und Multis war. Der UN-Generalsekretär war damals in geheimer Mission unterwegs. 1960 war der Kongo, ein Gebiet, das eine der größten Rohstoffquellen der Erde darstellt, gegen große Widerstände von der Kolonialmacht Belgien aus deren Vorherrschaft entlassen worden. Kurz darauf gab es Bestrebungen, die reichste Kongoprovinz Katanga wieder abzuspalten, um den multinationalen Konzernen den Zugriff auf wertvolle Rohstoffe wie zum Beispiel Koltan weiterhin zu ermöglichen. Der Konflikt eskalierte auch militärisch. In dieser Situation sieht sich Hammarskjöld verpflichtet, die Einheit des befreiten Kongo zu retten und damit dem echten Frieden zu dienen. Dieses Ansinnen kostete ihn schließlich das Leben: Auf dem Weg zu Friedensgesprächen im Kongo stürzte am 18. September 1961 um Mitternacht sein Flugzeug nahe der Stadt ab, in der die Friedensgespräche stattfinden sollten. Alle Insassen bis auf einen waren sofort tot, darunter auch Dag Hammarskjöld.

Er war jedoch nicht nur ein bedeutender Politiker, der die Welt maßgeblich beeinflusst hat. Er war auch ein gläubiger Mensch, der aus dieser Haltung nie ein Geheimnis machte. Die Aufzeichnungen aus seinem Leben tragen den Namen: »Zeichen am Wege« und geben einen Einblick in die Intimität seiner Gottesbeziehung, der Hingabe an die allumfassende göttliche Wirklichkeit und den daraus erwachsenden Selbsteinsatz, sein ständiges Ringen um noch größere Lauterkeit: *»Den anderen es recht machen? Du bist es, mit dem du leben musst!«*

Nirgends wird diese weltumspannende, in diesem Sinn echt katholische Religiosität so deutlich wie im UNO-Gebäude in New York. Hier lässt Hammarskjöld einen Meditationsraum einrichten. Die etwa 50 Quadratmeter sind konzentriert auf einen anthrazitgrauen Quader aus sieben Tonnen schwedischem Eisenerz. Erleuchtet wird er einzig und allein von einem Lichtstrahl, der von der Decke fällt. Zwölf Hocker laden in dem sonst leeren Raum zur Kontemplation ein. Hammarskjölds Kommentar dazu: *»Jeder von uns hat in sich ein Zentrum der Ruhe, umgeben von Stille. Dieses Haus, das der Arbeit und den Gesprächen am Dienst des Friedens gewidmet ist, sollte einen Raum haben, der der Stille im äußeren und der Ruhe im inneren Sinne gewidmet ist. Der Quader in der Mitte des Raumes hat uns noch mehr zu sagen. Wir können ihn als einen Altar betrachten, leer, nicht weil es keinen Gott gibt, nicht weil es der Altar für einen unbekannten Gott ist, sondern weil er dem Gott gewidmet ist, dem die Menschen unter vielen Namen und in vielen Formen dienen.«*

Hammarskjöld lädt mich ein, in großer Offenheit aus denselben spirituellen Quellen zu schöpfen wie er: Nathan Söderblom, den großen Ökumeniker aus Uppsala, kennt er seit seiner Jugend. Prägend für ihn ist die Lebensethik Albert Schweitzers, den er im Kongo besucht. Gedanken von Kant und Goethe nimmt Hammarskjöld wie selbstverständlich auf. Martin Buber ist ihm ein wichtiger Gesprächspartner, Meister Eckhart und Johannes vom Kreuz werden von ihm vielfach zitiert. Nicht minder tief dringt Hammarskjöld in buddhistische und hinduistische Spiritualität ein, die ihn fasziniert. Sein Bergführer bei den heimatlichen Wanderungen im schwedischen Hochgebirge vermittelt ihm die Weisheit seines samischen Volkes. Durch sein Leben kann auch ich erfahren, dass ich Teil eines Ganzen bin, was mich von meiner Ich-Bezogenheit befreien und hin zu einer globalen Solidarität führen kann.

Eine, wenn nicht die wichtigste Voraussetzung für seine Einsichten ist, dass Dag Hammarskjöld für all diese spirituellen Quellen offen war. So erfüllt sich in ihm das, was Adolf Holl in seinem kleinen Büchlein »Mystik für Anfänger« sagt: »Mystik ist Leben im Offenstand«. Der »mystische Weltpolitiker« Hammarskjöld war kein »Kirchenchrist« der überlieferten Art, sein Christentum war transkonfessionell und interreligiös. Man sah ihn in Kirchen, Moscheen und Tempeln beten und meditieren – aber jedem Vereinnahmungsversuch entzog er sich. Diese innere Freiheit gab ihm die Kraft zu klarer Bindung, was auch ein Vorbild für uns Menschen des 21. Jahrhunderts sein kann. Sein wohl bekanntester Satz lautet:

»Die längste Reise ist die Reise zu sich selbst. Nicht ich, sondern Gott in mir. Ja sagen zum Leben heißt auch Ja sagen zu mir selbst.«

Heute ist viel von Globalisierung die Rede – aber welche Art von Globalisierung kann uns helfen, unsere aktuellen Probleme zu lösen? Ich plädiere für eine Globalisierung der ethischen und spirituellen Kräfte, um nicht im wirtschaftlichen Konkurrenzkampf weltweit zu verrohen, ja unterzugehen. Anregungen hierzu kann ich bei Dag Hammarskjöld finden, der reflektierend und handelnd zugleich die spirituelle Tiefendimension der Politik und die soziale Dimension der Mystik gelebt hat: Die Vereinigung aller Geschöpfe mit Gott und untereinander.

Übungen für den Alltag

Ich gehe zu meinem Lieblingsplatz und horche in mich hinein:

- *Welche Art Globalisierung wünsche ich mir?*
- *Welche Werte sind mir sehr wichtig?*
- *Was sagt mir der Satz: »Nicht ich, sondern Gott in mir«?*
- *Könnte ein persönlicher Meditationsraum mir helfen,*
  innere Ruhe und eine innere Mitte zu finden?
- *Wie könnte der Raum gestaltet sein,*
  damit ich dieses Ziel erreichen kann?

»Jeder theologische Satz muss auch ein politischer sein«

DOROTHEE SÖLLE (1929-2003)

Ich erinnere mich sehr gut daran, wie ich im Herbst 1989 gebannt vor dem Fernseher saß und die Montagsdemonstrationen in Leipzig und anderen Städten anschaute, die schließlich zum Fall der Mauer führten. Vor allem der berühmte Satz eines DDR-Offiziellen in einem Film über die damalige Zeit berührt mich heute noch: »Mit allem haben wir gerechnet, aber nicht mit Kerzen und Gebeten.« Hervorgegangen war der Massenprotest aus den »Friedensgebeten« in der Leipziger Nikolaikirche, die schon 1982 von Pfarrer Christoph Wonneberger ins Leben gerufen worden waren. Und der wiederum hatte sich eigenen Aussagen zufolge dabei von den Politischen Nachtgebeten in der Antoniterkirche in Köln inspirieren lassen, die von 1968 bis 1972 regelmäßig stattfanden und seitdem glücklicherweise Nachahmende auf der ganzen Welt gefunden haben. Deren zentrale Figuren waren die evangelische Theologin Dorothee Sölle und der katholische Theologe und ehemalige Mönch Fulbert Steffensky.

Bekannte, die dabei waren, erzählten mir, die Antoniterkirche sei voll gewesen, als die Politischen Nachtgebete gefeiert wurden, die Menschen standen in den Gängen, sie saßen sogar dicht gedrängt auf dem Boden. Zeitungen, Radio, Fernsehen und der Verfassungsschutz beobachteten das Geschehen. Der ansonsten sehr offene katholische Bischof von Köln, Josef Kardinal Frings, verbot schlichtweg, dass Derartiges in Räumlichkeiten der katholischen Kirche »zelebriert« würde. Und sein evangelisches Pendant, Präses Joachim Beckmann, hätte es wohl gerne verboten, konnte diese Feiern aber nicht verhindern, bei der Dorothee Sölle und ihre Mitstreitenden, darunter als Sympathisant Literaturnobelpreisträger Heinrich Böll, mystische Theologie mit Politik, konkret mit dem Sozialismus verbanden. Wer war diese streitbare Theologin?

Dorothee Sölle wurde am 30. September 1929 in Köln als das vierte von fünf Kindern des Ehepaares Hildegard und Hans Carl Nipperdey geboren. Ihr Vater war der erste Präsident des Bundesarbeitsgerichts. Ab 1949 studierte sie Philosophie und klassische Philologie. 1951 wechselte sie zur Theologie und belegte dazu das Fach Germanistik. 1954 promovierte sie im Fach Literaturwissenschaften und absolvierte ihr Staatsexamen in Theologie. 1955 heiratete sie den Maler Dietrich Sölle. Das Paar hatte drei Kinder und wurde 1965 wieder geschieden. Bis Ende der 1960er-Jahre arbeitete Dorothee Sölle als Gymnasiallehrerin, freie Journalistin, Universitätsassistentin und Studienrätin. 1965 erschien ihr Buch »Stellvertretung«. Besonders ihr Nachdenken über eine »Theologie nach dem Tode Gottes«, die sie von Nietzsche übernommen hatte, war und ist heftig umstritten. Seit den 60er-Jahren engagierte sie sich vor allem auf evangelischen Kirchentagen für die Themen Frieden, Frauen, Ökologie sowie die Abschaffung der Kluft zwischen Reich und Arm.

1969 heiratet sie Fulbert Steffensky, der zuvor dreizehn Jahre als Benediktinermönch im Kloster Maria Laach in der Eifel gelebt hatte. Später konvertierte er zur Evangelischen Kirche. Er gehört heute zu den profiliertesten religiösen Autoren im deutschsprachigen Raum.

Mich fasziniert an Dorothee Sölle, dass sie mit ihrer Mystik gleichsam Gott auf die Erde geholt hat, dass sie die Gottebenbildlichkeit der Menschen betonte und deutlich machte, dass so, wie wir Gott »brauchen«, Gott die Menschen »braucht«. Gott ist für sie folglich ein Gott der Beziehung, denn »Gott hat keine anderen Hände als unsere«, sagte sie oft.

Eine Reise nach Nordvietnam wurde ihr im November 1972 zu einer wichtigen Lebenserfahrung, die sich auch in ihrer Spiritualität niederschlug. Obwohl sie in Deutschland nie einen theologischen Lehrstuhl innehatte, gehörte Dorothee Sölle zu den bekanntesten Theologinnen des 20. Jahrhunderts. Sie selbst sah sich gerne als freischaffende »Theologiearbeiterin« – und das hatte seinen Grund, fand sie doch gerade bei Menschen Gehör, die sich von der traditionellen Kirche verabschiedet hatten.

Seit sie 1984 auf Einladung der Sandinistischen Bewegung Nicaragua besuchte, weckte die Befreiungstheologie ihr verstärktes Interesse an der Bibel, vor allem dem Neuen Testament, dem sie sich fortan gemeinsam mit ihrer Freundin, der Neutestamentlerin Luise Schottroff, widmete. Den Gekreuzigten fand sie eher im Vietnamkrieg als in sakralen Räumen hinter Kirchenmauern. Sie fragte sich, wie man »atheistisch an Gott glauben« könne – ein Satz, der zum Titel eines ihrer Bücher wurde. Gott war für sie in der verfassten Kirche nicht mehr zu finden, wohl aber, so meinte sie, begegnet uns Christus in unseren Brüdern und Schwestern. Sie glaubte nicht an Gott, sondern sie glaubt ihm. Hieraus ergab sich für sie die Notwendigkeit einer widerständigen Mystik, wie auch eines ihrer letzten Bücher, »Mystik und Widerstand«, bezeugt, in dem sie sich damit befasste, wie sich Mystiker verschiedener Zeiten zu und in ihrer Gesellschaft verhalten hatten. In diesem Buch laufen zwei Linien parallel, eigentlich ineinander: die politische und die mystische. Dorothee Sölle fand immer wieder eine neue Sprache für die alten, großen Begriffe der mystischen Tradition. Ein Beispiel: Was offiziell »Sündenvergebung« und »Buße« heißt, übersetzt sie mit: »das Recht, ein anderer zu werden«. Das ist die Chance des Menschen nach vorn.

Dorothee Sölle starb überraschend im Alter von 73 Jahren an den Folgen eines Herzinfarkts, den sie in der Evangelischen Akademie Bad Boll erlitten hatte. Ihr Grab befindet sich auf dem Friedhof Nienstedten in Hamburg. Ihre Grabinschrift lautet: »In Deinem Licht sehen wir das Licht« (aus Psalm 36).

Mir ist sie vor allem als mutige Prophetin in Erinnerung, die ihre Kraft aus der Mystik schöpfte. Sie ging ihren Weg nicht als Suchende, sondern als Gefundene: »*Nicht der Tod, sondern das Töten, Morden und Ausbeuten ist abzuschaffen. Gott stirbt, wenn der Mensch umgebracht wird.*« Diese Sätze sind mir im Gedächtnis geblieben, als ich ihr 1983 als junger Pastoralassistent im baden-württembergischen Mutlangen bei einer gewaltfreien Demonstration gegen die Stationierung US-amerikanischer Pershing-Raketen begegnete. Wir jungen TheologInnen waren entsetzt, als sie, die Prominente, vor unseren Augen von der Polizei festgenommen wurde. Sie wurde damals wegen versuchter Nötigung verurteilt, was später höchstrichterlich wieder aufgehoben wurde.

Damals schon setzte sie sich vehement für den Erhalt der Schöpfung ein. Ich bin mir sicher, sie wäre heute Feuer und Flamme für die Bewegung »Fridays for future«, ist doch der Klimawandel neben der atomaren Bedrohung schon so etwas wie ein apokalyptisches Szenario, das sich am Horizont abzeichnet.

Dorothee Sölle war der festen Überzeugung, dass in jedem Menschen »ein winziges bisschen Gott« gegenwärtig ist, das aber in Gefahr ist, »zugemüllt« zu werden. Aber es gibt auch die Chance, es wieder auszugraben. Darin zeigt sich für mich eine alltagstaugliche mystische Spiritualität, die mich fasziniert, weil sie auch im 21. Jahrhundert lebbar ist. Das gilt ebenso für den folgenden Text von ihr – ein Auszug aus ihrem Gedicht »Ich dein baum«:

Du hast mich geträumt gott
wie ich den aufrechten gang übe
und niederknien lerne
schöner als ich jetzt bin
glücklicher als ich mich traue
freier als bei uns erlaubt

Hör nicht auf mich zu träumen gott
ich will nicht aufhören mich zu erinnern
daß ich dein baum bin,
gepflanzt an den wasserbächen
des lebens

Übungen für den Alltag

- *Ich überlege: Wo kann ich den aufrechten Gang üben?*
- *Wann und wo bin ich wirklich glücklich?*

- *Wo sehe ich eine Gefahr, dass Gott in mir »zugemüllt« wird?*
- *Engagiere ich mich für Politik?*
  Wenn ja, warum?
  Wenn nein, warum nicht?
  Hat mein Engagement für mich etwas mit Gott zu tun?
- *Wann und wo lehne ich mich mit meinem Alltagshandeln gegen die verfasste Kirche auf?*

»... und hast für unsere Zukunft schon gesorgt«

FRÈRE ROGER SCHUTZ (1915-2005)

1974 machte ich Abitur – und Frère Roger erhielt den Friedenspreis des Deutschen Buchhandels. Damals war ich erstmals in Taizé und wie viele Jugendliche in meinem Alter begeistert von den Liedern, der offenen, vertrauensvollen Atmosphäre und den vielen Gleichgesinnten, die ich dort traf. Wie für alle galt auch für mich das Programm: einen halben Tag Bibel- und Gruppenarbeit, die zweite Hälfte des Tages kleine Aufgaben für die Gemeinschaft erledigen. Mir wurde zugeteilt, die »Biscuitbox« vom »Empfang« ins »Gelbe Haus« zu tragen, wenn sie voll war. Ich erfuhr, dass sich in der Box das Geld befand, das die vielen Teilnehmenden für den Aufenthalt als kleinen Beitrag bezahlen mussten. In der Zeit, als Kreditkarten noch nicht üblich waren, belief sich dies jedes Mal auf eine große Summe. Ich sprach mit dem zuständigen Bruder und bedankte mich für das immense Vertrauen, das er mir als Jugendlichem, der erstmals in Taizé war, entgegenbrachte. Er kannte mich ja nicht und ich hätte auch etwas stehlen können. Ich höre heute noch seine sehr einfühlsame und klare Antwort: »Oh Johannes, it's only money« – »Johannes, es ist nur Geld«. Ich glaube, damals begriff ich wieder einmal, dass Geld nicht alles ist, dass es Wichtigeres gibt. Diese Art von Vertrauen ist auf mich übergesprungen und begleitet mich bis heute als eine Grundhaltung im Umgang mit Menschen.

Nicht nur dieses Erlebnis hat mich motiviert, mich näher mit der Brüdergemeinschaft von Taizé und ihrem Gründer, Frère Roger Schutz, zu beschäftigen. Roger Schutz-Marsauche wurde am 12. Mai 1915 im Dorf Provence im Kanton Waadt in der Schweiz geboren. Sein Vater war reformierter Pfarrer, seine Mutter stammte aus Frankreich. Bis 1940 studierte Schutz Theologie in Lausanne und Strasbourg und trat dann eine Pfarrstelle an. Doch schon im August desselben Jahres gab er seine sichere Karriere als Pfarrer auf und fuhr mit dem Fahrrad nach Taizé: ein kleines Dorf in Burgund, das direkt an der Demarkationslinie zwischen dem von Deutschen besetzten Frankreich und den französischen Truppen des freien Südens lag und in dem nur fünfzig Menschen – meist Arme, Alte und Kranke – lebten. Mehrfach versteckte der junge Geistliche gefährdete Flüchtlinge, vor allem Juden und Dissidenten. Sein Ziel war, das Evangelium zu leben und es anderen weiterzugeben. Doch für ihn war klar: Dies war nur in Gemeinschaft möglich. Im Juli 1944 wurde Roger Schutz durch die evangelisch-reformierte Kirche des Kantons Neuchâtel ordiniert. Die Vereinbarung war, dass er keine Pfarrstelle bekommt, sondern für den missionarischen Dienst außerhalb der Gemeinden zuständig ist und auch nicht von der Kirche entlohnt wird. Dies ist bis heute so: Die Brüdergemeinschaft nimmt für sich selbst keine Spenden oder Geschenke an. Die Brüder verdienen ihren Lebensunterhalt und das Geld, das sie für Hilfsprojekte benötigen, durch den Ertrag ihrer Arbeit. Am 17. April 1949 erfolgte die Gründung der Communauté de Taizé, deren erster Prior Frère Roger bis 2005 war. Damals legten die ersten sieben Brüder ihre Profess ab. Heute gehören der Gemeinschaft über einhundert Brüder in Taizé und verschiedenen Erdteilen an.

Durch das Lebenszeugnis seiner Großmutter war Frère Roger so geprägt, dass er schon in jungen Jahren seine Identität als Christ darin gefunden hatte, den Glauben seiner Herkunft (Calvinismus) mit dem katholischen und orthodoxen Glauben zu verbinden und zu versöhnen, ohne mit einem von ihnen die Gemeinschaft zu brechen. Für Frère Roger existierte die Kirche nur als eine einzige. Sie besteht nicht aus »Konkurrenzunternehmen«, sondern ist eine Gemeinschaft aller, die mit Gott und Jesus Christus leben. Seinem Herzensanliegen, der Versöhnung der Christen, widmete sich Frère Roger intensiv. Bereits in der ersten Fassung der Regel von Taizé forderte er: *»Finde Dich niemals ab mit dem Skandal der Spaltung unter den Christen.«* Einheit in versöhnter Verschiedenheit – ein auch heute leider außerhalb von Taizé noch unerreichtes Bild der Ökumene, von dem auch ich träume und für das ich mich einsetze. Ich erinnere mich an einen Satz, den Frère Roger den Jugendlichen in Taizé immer wieder sagte: *»Ich beschäftige mich mit der Bibel wie ein Reformierter, feiere Gottesdienst wie ein Katholik und singe Lieder wie ein Orthodoxer.«* In dieser Haltung werden von den Brüdern in Taizé bis heute die Bibeleinführungen gehalten, beten die Menschen dort gemeinsam und singen die in aller Welt bekannten Taizé-Lieder. Den vielen Menschen, die Mühe mit dem Beten haben, sagte Frère Roger: *»Weshalb sich Sorgen machen, wenn man nicht richtig beten kann? In der Stille des Herzens sagt Christus leise: Hab keine Angst, ich bin bei dir, immer und überall.«*

An Ostern 1970 kündigte Frère Roger ein »Konzil der Jugend« an, dessen Hauptversammlung vom 28. August bis zum 2. September 1974 stattfand. Dies machte Taizé weltweit bekannt. Ab 1979 ging das Konzil in einen »Pilgerweg des Vertrauens auf der Erde« über. Frère Roger verfasste einmal im Jahr einen »Brief«, der als Basis für das Nachdenken vieler junger Menschen sowohl während der Treffen in Taizé als auch zu Hause diente. Er schrieb diese Briefe oft während längerer Aufenthalte an Orten, wo die Armut ihm in ihrer extremen Form begegnete: Kalkutta, Chile, Haiti, Äthiopien, Philippinen, Südafrika.

Mitte August 2005, als ich mich zum wiederholten Mal in Taizé aufhielt, wurde Frère Roger in der Versöhnungskirche von einer psychisch kranken Frau während des Abendgebets mit einem Messer niedergestochen. Das Gebet wurde fortgesetzt, um Panik zu verhindern, sodass wir das Attentat zunächst gar nicht bemerkten. Roger Schutz starb kurze Zeit später an seinen Verletzungen. Dieser tragische Tod hinterließ zunächst bei den Brüdern, in mir, in allen Anwesenden und der ganzen »Taizé-Welt« große Bestürzung und innere Leere. Erst nach einer langen Zeit der Trauer ging diese Leere bei mir und anderen allmählich in große Dankbarkeit über für einen Menschen, einen Mystiker, der nicht müde wurde, von einem Gott zu sprechen, der jeden Menschen sucht und findet, weil er ihn liebt. Er war überzeugt davon, dass ein liebender und verzeihender Gott sich weigert, immer und immer wieder auf die menschlichen Fehler zurückzukommen. Gottes Liebe war für ihn ohne jeglichen Vorbehalt. Und so geliebt, können Menschen wiederum gütig sein und offen, anderen zu vertrauen. Gott ist durch seinen Geist in jedem Menschen gegenwärtig.

Frère Roger – so wirkte er nicht nur auf mich – trug alle Menschen aus allen Völkern in seinem Herzen, vor allem Jugendliche und Kinder. Er sagte oft: »*Christus ist nicht auf die Erde gekommen, um eine neue Religion zu gründen, sondern um allen Menschen eine Gemeinschaft in Gott zu eröffnen. Diese einzigartige Gemeinschaft, die Kirche, ist für ausnahmslos alle Menschen da.*« Das ist aus meiner Sicht mehr als eine Vision von Kirche, es ist ihre tiefste Aufgabe, bei den Menschen und dienend für sie da zu sein, anstatt sich nur mit sich selbst zu beschäftigen und sich um sich selbst zu drehen. Ähnlich treffend formulierte es Jacques Gaillot, 1995 im Vatikan in Ungnade gefallener Titularerzbischof von Partenia in Algerien und »Internetbischof«: »Eine Kirche, die nicht dient, dient zu nichts«. (Papst Franziskus empfing Bischof Gaillot am 1.9.2015 mit den Worten: »Wir sind Brüder« – ein Hoffnungszeichen!)

Frère Roger hat für viele, vor allem junge Menschen das Hindernis aus dem Weg geräumt, dass Gott ein strenger und furchteinflößender Richter sei. Er machte deutlich: Gott kann nur seine Liebe schenken. Und er tat alles, um dies durch sein Leben zum Ausdruck zu bringen. Er sprach so beharrlich von der Liebe Gottes, dass wohl niemand mehr, der ihn je erlebte, Angst vor einem strafenden Gott hat. Ich erinnere mich, als sei es gestern gewesen, dass er oft abends in der vollbesetzten Versöhnungskirche das Schlussgebet so sprach: »*Lebendiger Gott, du versenkst unsere Vergangenheit im Herzen Christi und hast für unsere Zukunft schon gesorgt.*« Das ist bis auf den heutigen

Tag auch eines meiner Abendgebete, das mich ruhig und tief schlafen lässt.

»Beim Aufschlagen des Evangeliums«, sagte Frère Roger, *»kann man sich vorstellen: Die Worte Jesu stammen wie aus einem uralten Brief, der mir in einer unbekannten Sprache geschrieben wurde. Da ihn jemand an mich richtet, der mich liebt, versuche ich den Sinn zu verstehen; und ich werde das Wenige, das ich begreife, in die Tat umsetzen. Zunächst kommt es nicht auf umfangreiches Wissen an. Dieses hat zwar seinen Wert, aber der Mensch beginnt das Geheimnis des Glaubens zuerst mit dem Herzen zu erfassen, tief im Innern. Das Wissen kommt später. Man bekommt nicht alles auf einmal. Inneres Leben wächst allmählich. Heute – mehr als gestern – ergründen wir den Glauben Stück für Stück. Tief im Menschen liegt die Erwartung einer Gegenwart, das stille Verlangen nach einer Gemeinschaft. Vergessen wir nie: Das schlichte Verlangen nach Gott, der in unseren Herzen wohnt, ist schon der Anfang des Glaubens.«*

Es sind Worte wie diese, die mir Mut gemacht haben und auch heute noch Mut machen, mich täglich neu auf das Wagnis des Glaubens einzulassen.

Ein weiterer Satz von Frère Roger hat mich ebenfalls geprägt: Er sagte, er wolle »versuchen, alles am anderen zu verstehen«. Verstehen bedeutet für mich nicht automatisch, das Verhalten gut zu finden, aber es hilft mir, mich in den Mitmenschen mitfühlend hineinzuversetzen und nicht gleich über ihn zu urteilen.

Nach Frère Rogers gewaltsamem Tod schien vielen – auch mir – Taizé ohne seinen Gründer unmöglich. Doch ich erlebe, dass dieses Ereignis die Gemeinschaft noch enger zusammengebracht hat. Sie lebt mit Frère Alois als Prior das weiter, was auch Frère Roger wichtig war: Güte des Herzens, Liebe und Verzeihen, Vertrauen und Gemeinschaft und – gerade heute wieder elementar wichtig – Frieden, inneren Frieden, den Frieden des Herzens, in dem Gott wohnt.

- *Was heißt es für mich, mit einem friedvollen Herzen zu leben?*
- *Wie kann mein Verstehen der anderen in meinem Leben Wurzeln schlagen?*
- *Ist es für mich notwendig, meine Schuld einzugestehen, um Vergebung zu erfahren?*
- *Wie ist meine Vorstellung von Ökumene der Kirchen?*

»Ich glaube an Gott, aber für mich ist Gott der Mensch«

ERNESTO CARDENAL (1925-2020)

Wie gebannt und total entsetzt saß ich im März 1983 vor dem Fernseher, als der inzwischen heiliggesprochene Papst Johannes Paul II. dem vor ihm knienden Ernesto Cardenal verweigerte, ihm den Ring zu küssen und ihn stattdessen mit erhobenem Zeigefinger abkanzelte und augenscheinlich ermahnte. Nicht nur ich verstand diese Geste vor der Weltöffentlichkeit als Bloßstellung. Was war geschehen? Der Vatikan hatte dem aufmüpfigen Geistlichen und Befreiungstheologen, der sich einen christlichen Marxisten nannte, verboten, das Priesteramt auszuüben, weil er von 1979 bis 1987 das Amt des Kulturministers in der sandinistischen Regierung Anastasio Somozas in Nicaragua innehatte. Das galt und gilt nach den Regeln der katholischen Kirche als unvereinbar.

Mehrmals durfte ich diesem »Dichtermystiker« begegnen, erstmals 2002 in Nicaragua und zuletzt 2017 zusammen mit »Grupo Sal«, der wohl bekanntesten und ältesten Latino-Band Deutschlands. Allein seine äußere Erscheinung war Kult: die schwarze Baskenmütze auf dem langen weißen Haar, mit dem er auf mich gutmütig und großväterlich wirkte, weißes Baumwollhemd, Jeans und Sandalen. Mich faszinierte der Christ, Rebell, Marxist, Mystiker und Priester. Vor allem aber war er einer, der sich nie vor einen Karren spannen ließ, dem er selbst nicht traute.

Wohl kaum ein anderer Dichter Lateinamerikas hat als Literat, Theologe, Politiker und Mystiker eine bewegendere Rolle gespielt: Er ist heute nach Pablo Neruda der meistgelesene Autor dort. Seine »Psalmen« wurden in über zwanzig Sprachen übersetzt. Sie sind so etwas wie die poetische Ausformung der Theologie der Befreiung und ein Gebetbuch der Unterdrückten. Sein Lebenslauf zeigt mir auch ein Spiegelbild des Ringens der lateinamerikanischen Länder um Anerkennung, Unabhängigkeit und soziale Gerechtigkeit.

Ernesto Cardenal wurde am 20. Januar 1925 in Granada / Nicaragua geboren. Schon früh entdeckt er seine Leidenschaft zur Literatur, geprägt durch seine Großmutter und seinen Vetter sowie seinen Onkel, beides berühmte Dichter Nicaraguas. 1943 beginnt Cardenal sein Studium der Literatur, Philosophie und Theologie an der University of Mexico. Anschließend studiert er an der Columbia University in New York zwei Jahre englische und nordamerikanische Literatur. Schon während des Studiums engagiert er sich politisch für sein Land.

1957 geschieht ein bedeutender Wandel in Cardenals Leben: Er zieht sich als Novize ins Trappistenkloster Gethsemani in Kentucky (USA) zurück – sein Novizenmeister war der berühmte Mystiker Thomas Merton – und gibt vorübergehend das Schreiben auf. 1959 bricht er aus Gesundheitsgründen sein Noviziat ab, verlässt Gethsemani und lebt als Gast in einer Benediktinerabtei in Mexiko. Von 1961 bis 1965 widmet er sich in Kolumbien dem Theologiestudium. Im Jahr 1961 entstehen seine schon erwähnten »Psalmen«. 1965 empfängt Cardenal in Nicaragua die Priesterweihe und gründet nach dem Vorbild von Gethsemani die später weltbekannte christliche Gemeinschaft »Solentiname«. Eigentlich die Bezeichnung für eine Inselgruppe im Großen See von Nicaragua, steht der Name inzwischen exemplarisch für die Theologie der Befreiung, eine neue Form des Lebens mit den Armgemachten und Entrechteten, der Poesie und des politischen Widerstandes gegen Diktaturen, unter anderem durch Cardenals berühmtes vierbändiges »Evangelium der Bauern von Solentiname«. Nach einem Vortrag sagte er mir sinngemäß Worte, die ich – ebenfalls studierter Theologe – niemals vergessen habe:

»Ich entdeckte damals, dass die Bauern, die Armen, diejenigen sind, die das Evangelium am besten verstehen können. Es ist, als wäre es für sie geschrieben. Oft entdeckten sie Dinge, die ich nicht sah, die ich nie am Evangelium verstanden hatte – ich, der ich doch Seminare besucht und Theologie studiert hatte.«

Die Probleme des damaligen Zentralamerikas greift er auch in seinen folgenden Werken immer wieder auf. Mit den Jahren wird seine Lyrik immer religiöser und seine religiösen Ansichten werden immer politischer. Cardenal verglich oft die Botschaft seiner Poesie mit der der biblischen Propheten, *»weil sie eine Anklage und eine Ankündigung machten: die Anklage der Ungerechtigkeit, die herrschte, und die Ankündigung einer besseren Welt«*.

Nach 1987, seinem Ausscheiden aus der aktiven Parteiarbeit, konzentrierte sich Ernesto Cardenal wieder auf sein dichterisches Schaffen. Oft war er auch in Deutschland unterwegs, um seine Werke vorzustellen, zum Beispiel 1995 die »Gesänge des Universums« (*Cántico cósmico*). Bereits wenige Jahre nach deren Erscheinen wurden auch sie als ein »Meilenstein der lateinamerikanischen Literatur« gewürdigt, sodass es nicht erstaunte, dass Cardenal 2005 für den Literaturnobelpreis nominiert wurde. Nach seiner Europa-Tournee im Jahr 2008 musste er die Rückkehr in seine Heimat absagen, da ihm dort eine Strafe drohte, weil er Nicaraguas Staatspräsident Daniel Ortega öffentlich kritisiert hatte. Daraufhin wurde er bei der Wiederaufnahme eines 2005 eingestellten Prozesses wegen Verleumdung zur Zahlung einer Geldstrafe verurteilt, weigerte sich aber, diese zu zahlen.

Cardenal kritisierte auch weiterhin seine Kirche. Ich erinnere mich an eine Lesung 2013, bei der er sinngemäß sagte: »Die beiden letzten

Päpste (er meinte Johannes Paul II. und Benedikt XVI.) waren eine Katastrophe für die katholische Kirche, sie haben die Kirche um mehr als zweihundert Jahre zurückgeworfen.«

Erst der aus Argentinien stammende Papst Franziskus weckte in ihm wieder Hoffnung, da er immer für die Sache der Armen eingetreten ist. Im Februar 2019 hob Papst Franziskus dann auch das Verbot seines priesterlichen Wirkens auf. Der damals schwer erkrankte Cardenal stand noch im Krankenhausbett seiner ersten Eucharistiefeier als Priester nach weit mehr als drei Jahrzehnten vor, was ihm sehr wichtig war. Er starb laut Berichten spanischer und nicaraguanischer Medien im Alter von 95 Jahren in Managua an den Folgen eines Nieren- und Herzversagens.

Strukturelle Macht war nie Cardenals Ding. Ich erlebte ihn als einen Mann der Überzeugungen, als einen, der bereit war, auf Ämter zu verzichten, wenn diese ihn dazu verführten, sich von der Macht korrumpieren zu lassen. Er ging immer, gemeinsam mit Gleichgesinnten, seinen eigenen Weg. Dabei konnte er – ein sehr sympathischer Zug an ihm – durchaus auch Irrtümer zugeben: »Ohne zu irren, hätte ich niemals meine Vereinigung mit Gott erreicht«, schreibt der Dichterpriester in seiner Autobiografie. Bei ihm habe ich persönlich erlebt, dass Perfektion nicht zu mystischer Spiritualität passt.

Er konnte jedoch auch stur und uneinsichtig sein, heute würde man vielleicht sagen, zutiefst unchristlich, wie folgende Szene zeigt. Bei einer Predigt vor Guerilleros in den 1970er-Jahren sagte er:

»Wir müssen uns Christus als Proletarier und als Gott vorstellen. Er ist der Einzige, der über uns zu richten hat. Er ist wie ein Guerillero, er war genauso hungrig wie wir. Er hat dieselben Leiden wie wir. Wenn es so ist, dass also keiner mehr Privilegien vor den anderen hat, dann – so steht es im Evangelium – hat die Gerechtigkeit begonnen. Ich sage euch: Das Jüngste Gericht hat schon begonnen. Wo es Revolution gibt, wird Gerechtigkeit sein. Nur die Revolution kann zu Gerechtigkeit führen. Diese eure Waffen werden letztlich den Armen zu essen geben.«

Mit solchen Worten handelte er sich natürlich heftige Kritik des Erzbischofs von Managua, Kardinal Miguel Obando y Bravo, ein. Doch Cardenal rechtfertigte sich und wies auf den Heiligen Ludwig, König von Frankreich, hin, der bei einem Kreuzzug für die Befreiung Jerusalems starb und heiliggesprochen wurde. Parallelen sieht er auch in Jeanne d'Arc, der Jungfrau von Orleans, die eine Kriegerin war und ebenfalls heiliggesprochen wurde. Für Ernesto Cardenal ist also der Besitz von Waffen oder die Tatsache, sich in einer bewaffneten Auseinandersetzung zu befinden, durchaus mit dem Christsein vereinbar. Ein Thema, das mich damals wie heute provoziert und herausfordert.

Wenn man von einer speziellen Mystik Ernesto Cardenals reden will, muss man sagen: Das Himmelreich ist für ihn nichts, das man im Himmel oben suchen muss, sondern es ist das Handeln hier auf der Erde. Ich habe ihn als jemanden erlebt, der zutiefst an Gott geglaubt hat, für den Gott aber gleichsam der Mensch war. Die ganze Schöpfung ist für ihn »Schönschrift« Gottes, und in dieser Schrift gibt es nicht ein sinnloses Zeichen, deshalb lohnt es sich, sich unbedingt für sie einzusetzen. Gott, so sagt er, braucht die Menschen nicht, um glücklich zu sein, und doch liebt er jeden Einzelnen so, als ob er ohne ihn ewig unglücklich wäre.

Übungen für den Alltag

- *Was ist für mich christliches Friedensengagement? Mit oder ohne Waffen oder beides?*
- *Was kann ich konkret tun, damit es auf der Welt ein Stück gerechter zugeht?*
- *Bin ich eher ein kontemplativer oder ein politischer Mensch? Oder beides?*

»Nicht Glücklichsein macht uns dankbar, sondern Dankbarsein macht uns glücklich«

BRUDER DAVID STEINDL-RAST (*1926)

Drei Mal habe ich während meiner Tätigkeit im Dorotheahaus in Flüeli Ranft Bruder David Steindl-Rast empfangen und erlebt. Für mich ist er eine der großen spirituellen Gestalten der Gegenwart und ein Brückenbauer zwischen den Religionen, der zutiefst davon überzeugt ist, dass Gott in und aus jedem Menschen spricht. Nicht umsonst heißt einer seiner größten Bucherfolge »Credo – Ein Glaube, der alle verbindet«. Hier wird wie häufig in seinen Schriften die Gratwanderung sichtbar, das Glaubensbekenntnis, Herzstück aller christlichen Konfessionen, auf seine buchstäblich kat-holische, also weltumspannende und damit auch andere Religionen umfassende Bedeutung hin zu untersuchen. Das »Ich glaube« ist für Bruder David nicht Ausdruck eines exklusiv christlichen Wahrheitsanspruchs, sondern Ausdruck eines, wie er es nennt, »Ur-Glaubens«. Für mich war und ist dieses Verständnis des Glaubensbekenntnisses ein weiteres, Türen öffnendes Aha-Erlebnis. Ich traf allerdings auch Menschen, für die eine solche Art zu glauben ein Frevel ist. So reiht sich Bruder David in die lange Reihe der Mystikerinnen und Mystiker ein, die – ohne es zu wollen – polarisieren.

In seiner Biografie liegt wohl auch die Wurzel seines Daseins als »spiritueller Globetrotter«: Am 12. Juli 1926 wurde er als Franz Kuno Steindl-Rast in Wien geboren. Als Nazi-Truppen Österreich im Jahr 1938 einnahmen, besuchte er als Zwölfjähriger die Neuland-Schule, ein fortschrittliches Internat der katholischen Kirche in Wien. 1944 wurde er von den Nazis zum Kriegsdienst gezwungen. »Ein großer Schutzengel«, wie er erzählt, bewahrte ihn vor tatsächlichen Kampfeinsätzen. Er konnte fliehen und Kunst, Psychologie und Anthropologie studieren. Nach dem Krieg wanderte seine Familie 1952 aus wirtschaftlichen Gründen in die USA aus. Schon im Jahr darauf trat er in das damals neu gegründete Benediktinerkloster Mount Saviour im US-Bundesstaat New York ein, wo er auch Zugänge und spirituelle Wege zu nichtchristlichen Religionen suchte, freilich auf der Basis seiner eigenen christlichen Heimat. David Steindl-Rast wurde ein enger Freund des Trappistenmönchs und Mystikers Thomas Merton, mit dem er sehr fruchtbar zusammenarbeitete.

Bruder David spricht in unglaublicher Schönheit die Sprache des Herzens und erreicht so seine Zuhörenden auf einer sehr tiefen Ebene ihres Daseins. Seine Publikationen erreichen Millionen von Menschen in vielen Ländern der Erde. Zudem ist er spätestens seit 1965 ein interreligiöser Brückenbauer, als er, beflügelt von der ökumenisch-interreligiösen Aufbruchsstimmung des Zweiten Vatikanischen Konzils, von seinem damaligen Abt beauftragt wurde, sich dem Dialog zwischen Christentum und Buddhismus zu widmen. So sammelte er erste Erfahrungen mit verschiedensten Zen-Meistern. Im Jahr 1968 gründete er gemeinsam mit Rabbinern, Buddhisten, Hindus und Sufis in den USA das »Center for Spiritual Studies«. 1989 initiierte er zusammen mit seinem Freund, dem Zen-Mönch Vanja Palmers, im österreichischen Dienten am Hochkönig das »Haus der Stille Puregg«, das allen Interessierten Zugänge zum kontemplativen Leben einer Klostergemeinschaft ebnen soll. 1999 riefen die beiden an der Rigi in der Schweiz das »Zentrum Felsentor« ins Leben, um an diesem speziellen Ort eine Stätte der Begegnung zu schaffen – mit Menschen, Tieren, der Natur, sich selbst und letztlich mit dem großen Geheimnis, welches viele und keinen Namen hat, mit Gott.

Die Haltung, die dahintersteckt, ist: Du kannst im Stile des Zen meditieren oder alles tun, was man von einem Katholiken erwartet, beides wird dich zu nichts führen, wenn es nicht aus deinem Herzen kommt, wenn du nicht das Zentrum deines eigentlichen Zuhauses findest. Wenn das jedoch so ist, dann bist du bereits angekommen. Beim Suchen und Finden dieses »Herzenswegs« können andere Weisheitstraditionen helfen. Wenn wir uns ihnen öffnen, können wir in jeder Tradition Menschen sehen, die ihr Leben spirituell leben – und plötzlich haben wir mehr »Heilige« als zuvor.

Von Bruder David habe ich dankbar gelernt, dass das lateinische Wort *contemplatio* eine der ursprünglichsten religiösen Haltungen ausdrückt: Es handelt sich nämlich um die Idee, dass die höheren Dinge das Ordnungsmuster für die niederen schaffen. Templum, das, was wir heute Tempel nennen, war, so Bruder David, ursprünglich nicht ein Gebäude, sondern das Symbol für die kosmische Ordnung des Himmels mit all seinen Planeten und Sternen. So befragten zum Beispiel die römischen Priester und Auguren den Himmel, den Tempel, übertrugen die dort gefundene Ordnung und erklärten so das Chaos des täglichen Lebens. So gesehen hat jeder Mensch eine kontemplative Neigung: Wir richten die Augen nach oben und schauen auf das, was unserem Leben Sinn gibt. Wir schauen nach den höheren, unveränderlichen Dingen und bringen so unser Leben in Ordnung.

Ihm sei wichtig, erzählte Bruder David oft, dass das interreligiöse Gespräch eigentlich kein Dialog zwischen Religionen sei, sondern zwischen Menschen, die verschiedenen Religionen angehören, sich aber auf der Ebene des Menschlichen treffen. Darum ist dieses Gespräch so wichtig. Es geht dabei aber nicht um die Frage, was wir beispielsweise als Angehörige des Christentums, Buddhismus, Islam oder Hinduismus glauben und was nicht. Vielmehr sollte der interreligiöse Dialog als ein Dialog aller Menschen untereinander verstanden werden, gänzlich abgesehen von irgendwelchen Religionen. In diesem Zusammenhang ist Bruder David der Glaube sehr wichtig, aber nicht in dem Sinn, dass es um ein Für-wahr-Halten von etwas geht, also darum, an etwas zu glauben. Anstatt sich an Glaubenssätze zu klammern, ist es seiner Ansicht nach viel wichtiger, sich vertrauensvoll auf das Leben einzulassen.

Das Schlüsselwort zum Verständnis der mystischen Spiritualität Bruder Davids ist jedoch »Dankbarkeit«. Viele Menschen stehen dem Begriff skeptisch gegenüber, denn fast jeder kennt Situationen, in denen Dankbarkeit erwartet wurde, obwohl wir uns nicht dankbar gefühlt haben. Diese unangenehmen Gefühle können Dankbarkeit als spiritueller Praxis im Wege stehen, müssen es aber nicht. Für Bruder David ist Dankbarkeit jedoch das Bewusstsein der Einzigartigkeit jedes Moments, also etwas sehr Einfaches, das jeder Mensch erkennen und selbst ausprobieren kann. Diese Achtsamkeit können wir in Beziehung zu anderen leben, sodass gleichsam ein Herz zum anderen spricht, also etwas geschieht, nach dem wir uns alle sehnen. So hilft uns Dankbarkeit, den gegebenen Augenblick als Gabe, als Geschenk wahrzunehmen. Das heißt nicht, dass wir uns auch für Zeiten, in denen wir große Schwierigkeiten durchleben, dankbar fühlen müssen. Dennoch können wir uns dafür entscheiden, in einer grundsätzlich dankbaren Haltung zu leben und uns dem Leben in all seiner Fülle zu öffnen.

Ich selbst habe alle Krisenzeiten meines Lebens im Nachhinein – nicht als ich in der Krise steckte, da war alles dunkel – so erlebt, dass sie mir ganz neue, vorher völlig unbekannte Wege in eine andere als die geplante Zukunft gewiesen haben. Heute kann ich unumwunden dankbar dafür sein.

Ein Leben lang begleitet Bruder David die Lyrik und Mystik Rainer Maria Rilkes, seit seine Mutter ihm als Zehnjährigem »Das Stunden-Buch« geschenkt hat. Rilke ist für ihn ein wahrer Mystiker. Bruder David und ich besuchten auf seinen ausdrücklichen Wunsch hin im September 2014 gemeinsam mit einer Gruppe für ihn zum ersten Mal das Grab Rilkes im Schweizerischen Raron und oberhalb von Sierre den Wohnturm Muzot, wo Rilke seine »Duineser Elegien« vollendete und die letzten Lebensjahre verbrachte. Dieser Besuch – so schrieb mir Bruder David später – sei für ihn die »Erfüllung eines Lebenstraums« gewesen.

Ich habe Bruder David als sehr sinnlichen Menschen erlebt. Er fordert die Zuhörenden immer wieder auf, die Suche nach Sinn mit den Sinnen zu beginnen. Das Leben im Hier und Jetzt ist der entscheidende Augenblick, um Gott zu erfahren und dankbar zu sein für die Fülle des Lebens. Als wir einmal über das Ende aller Dinge, auch im Hinblick auf sein und mein eigenes Ende sprachen, benutzte Bruder David das Bild einer tickenden Uhr. Diese mache allerdings für ihn nicht »Tick-Tack«, sondern »Jetzt-Jetzt-Jetzt-Jetzt« – und wir mussten beide dankbar lächeln ...

Übungen für den Alltag

- *Wofür bin ich von Herzen dankbar?*
- *Wofür kann ich nicht dankbar sein? Warum?*
- *Bin ich in Kontakt mit Menschen anderer Religionen?*
- *Wenn ja, wie lebe ich diesen Kontakt?*
  Wenn nein, bin ich offen dafür?

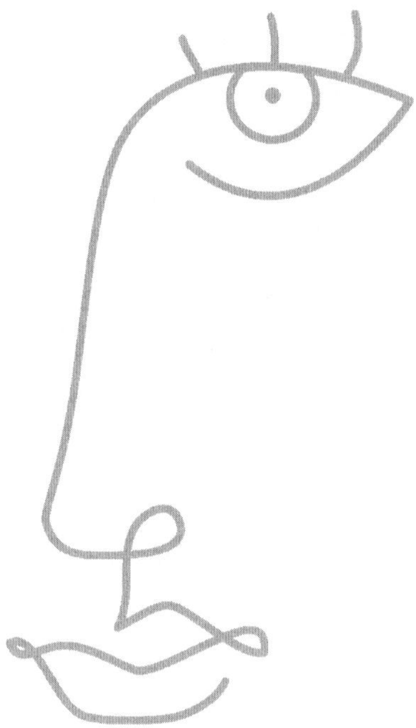

Zum Schluss

Seit Jahren fragen mich Menschen in meinem Umfeld, ob ich »meine« Spiritualität nicht einmal in wenigen Worten zusammenfassen könne, was mir als Theologen wirklich nicht leichtfällt. Meine Antwort: Es ist »inkarnatorische mystische Spiritualität«. »Inkarnatorisch« ist dabei sozusagen die Spezialität des Christentums: Ich glaube, dass Gott als Mensch, als mein und unser Bruder körperlich wurde.

Die frühen Kirchenväter erklärten, dass Gott, indem er den menschlichen Körper annahm, zu allem, was physisch, materiell und irdisch war, Ja sagte. Im 13. Jahrhundert meinte Franz von Assisi, wir müssten nicht darauf warten, dass Gott uns durch das Kreuz und die Auferstehung liebt. Er ahnte, dass das Ganze mit inkarnierter Liebe begann, und war wesentlich daran beteiligt, dass Weihnachten, an dem genau das gefeiert wird, zum bedeutendsten christlichen Fest wurde. Ich finde genau das wichtig, weil das Fest im Grunde sagt: Es ist gut, menschlich zu sein, es ist gut, auf dieser Erde zu sein, Fleisch zu sein, Gefühle zu haben. Wir müssen uns dafür nicht schämen. Gott liebt Materie und Körperlichkeit. Leider hat ein Großteil der Christinnen und Christen dieses volle Verständnis verloren. Zudem haben viele Angst vor dem Wort »Mystik«. Aber ein Mystiker ist einfach jemand, der vom bloßen Glauben und den dazugehörigen Systemen zur tatsächlichen inneren Erfahrung Gottes übergegangen ist, der also nicht Gott sucht, sondern sich von Gott gefunden weiß. Demgegenüber haben für mich pure Lehren wie zum Beispiel die Dreifaltigkeit, die wirkliche Gegenwart (Realpräsenz) oder die Bedeutung des innewohnenden Geistes wenig aktive Kraft. Sie werden nur auf rationaler Ebene »geglaubt«, aber nie erlebt oder erfahren. Das vermisste ich jahrelang sehr. Leider hatte ich noch keine Alternative gefunden.

Ein Schüler Karl Rahners, der Theologe Johann Baptist Metz, sprach von »Vermissungswissen«. Wenn ich das Wort »mystisch« verwende, beziehe ich mich auf Erfahrungswissen anstatt nur auf intellektuelles Lehrbuchwissen oder rein dogmatisches Wissen.

Manche Menschen werfen mir vor, ich sei ein liebloser Kirchenkritiker und nicht mehr katholisch. Das bin ich beileibe nicht. Im Gegenteil, ich sage ausdrücklich: Es geschieht viel Gutes in der Kirche, und sie steht für etwas außerordentlich Gutes, das Evangelium, das Wort des lebendigen Gottes. Aber global und kontinental, regional und lokal fehlt es ihr vor lauter Diskussion um Strukturen, Affären und Äußerlichkeiten mehr und mehr an gelebter und alltagstauglicher Spiritualität. Das wird sie, so befürchte ich, auf lange Zeit nicht loswerden. Einen Weg habe ich skizzenhaft in diesem Buch aufzuzeigen versucht: den Weg der mystischen Spiritualität, die jedem Menschen zusagt, dass Gott in ihm wohnt.

Ein Traum, den ich oft träume, zum Schluss: Ich komme in einen dunklen Raum – einen Kirchenraum – voll mit schwarz gekleideten Menschen. Mein Platz ist in den vorderen Reihen, aber ich komme nur ganz schwer hin. Ich muss außen herum gehen und über viele Gestelle steigen, die im Weg liegen. Dazu muss ich mich ziemlich verrenken. Ich schaffe es, aber es ist sehr mühsam. So erreiche ich meinen Platz.

Meine Deutung: Ich habe einen Platz in dieser Kirche. Der Weg führt über viele Hindernisse und es ist nicht leicht, ihn zu finden und zu gehen.

Mein Platz ist die mystische Spiritualität, das Bewusstsein, dass Gott im Herzen jedes einzelnen Menschen wohnt.

Zum Weiterlesen

Im Netz

Auf der Seite *www.bibleserver.com* haben Sie im Internet direkten Zugriff auf viele verschiedene Bibelübersetzungen.

Über die Bibel allgemein und über Jesus und die vier Evangelien im Besonderen können Sie sich informieren zum Beispiel mit den Arbeitsmaterialien der Bibelwerke (*www.bibelwerk.de/portal* und *www.die-bibel.de*)

Über das Gotteslob, das gemeinsame Gebet- und Gesangbuch aller deutschsprachigen katholischen Bistümer (außer der Schweiz), können Sie sich hier informieren: *www.mein-gotteslob.de*

Das Evangelische Gesangbuch Deutschlands wird zurzeit überarbeitet: *www.ekd.de/evangelisches-gesangbuch-52340.htm*

Über das Zweite Vatikanische Konzil (1962–1965) kann man sich hier informieren: *www.katholisch.de/artikel/30756-das-zweite-vatikanische-konzil-und-seine-folgen*

Nähere Informationen über den Club of Rome (gegründet 1968) findet man hier: *www.bpb.de/nachschlagen/lexika/lexikon-der-wirtschaft/19007/club-of-rome*

Hintergrundinformationen über die Würzburger Synode (1971–1975) findet man hier: *wuerzburger-synode.jimdofree.com*

Über den Koran findet man hier genauere Informationen:
https://koran.rocks

Wenn Sie sich für Kurse zu mystischer Spiritualität interessieren:
Ich selbst biete diese im Caritas Pirckheimer Haus in Nürnberg (*www.cph-nuernberg.de*) und im Gästehaus der Abtei Münsterschwarzach (*www.gaestehaus.abtei-muensterschwarzach.de/kurse/*) an.

Literatur (in Auswahl)

Um mich intensiver über mystische Spiritualität und einzelne MystikerInnen zu informieren, haben mir unter anderen folgende Bücher geholfen:

Teresa von Ávila, Werke und Briefe, Gesamtausgabe, Freiburg im Breisgau 2015.

Bernhard von Clairvaux, Gotteserfahrung und Weg in die Welt, Olten / Freiburg im Breisgau 1982.

Nadja Bolz Weber, Unheilige Heilige, Moers 2016.

Matthias Diez (Hg.), Kleine Philokalie, Ostfildern, 2. Aufl. 2013.

Dag Hammarskjöld, Zeichen am Weg, Stuttgart, 6. Aufl. 2019.

Marion Küstenmacher, Mein fliegender Teppich des Geistes, Gütersloh 2021.

Karl Lehmann und Albert Raffelt (Hg.), Karl-Rahner-Lesebuch, Freiburg im Breisgau 2004.

Volker Leppin, Ruhen in Gott, München 2021.

Bernard McGinn, Die Mystik im Abendland, 6 Bände, Freiburg im Breisgau 1994ff.

Richard Rohr, Pure Präsenz, München 2019.

Johannes Schleicher und Tanja Hoeg (Hg.), Mystik im Aufwind. Begegnung zwischen jüdischer und christlicher Mystik, Münsterschwarzach 2014.

Dorothee Sölle, Mystik und Widerstand, München, Zürich, 8. Aufl. 2006.

David Steindl-Rast, Ich bin durch dich so ich. Lebenswege, Münsterschwarzach 2016.

David Steindl-Rast, Dankbar leben. Ein inspirierendes Praxisbuch, Münsterschwarzach 2018.

Pierre Stutz, Geborgen und frei, München, Neuaufl. 2018.

Textnachweis

S. 116f: Teresa von Ávila, Ich bin ein Weib – und obendrein kein gutes © 2021 Verlag Herder GmbH, Freiburg im Breisgau.

S. 136: Dorothee Sölle, Auszug aus dem Gedicht: »Ich dein baum«, in: Dorothee Sölle, Loben ohne lügen, Gedichte © Wolfgang Fietkau Verlag 2000, S. 12.

S. 141: Text von Frère Roger Schutz © Ateliers et Presses de Taizé, 71250 Taizé, Frankreich

Der Abdruck der Texte erfolgt mit freundlicher Genehmigung der Verlage.

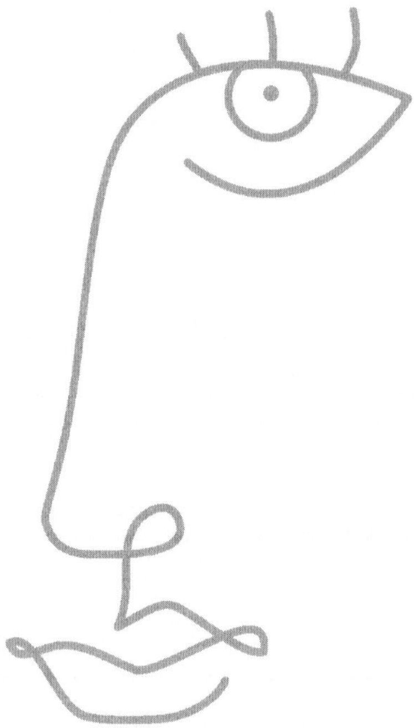

Bibliografische Information der Deutschen Nationalbibliothek
Die Deutsche Nationalbibliothek verzeichnet diese Publikation in der Deutschen Nationalbibliografie. Detaillierte bibliografische Daten sind im Internet über http://dnb.d-nb.de abrufbar.

Ohne Folie
Für unsere Umwelt

MIX
Papier aus verantwortungsvollen Quellen
FSC
www.fsc.org
FSC® C014889

in Deutschland produziert

1. Auflage 2022

Lektorat: Marlene Fritsch
Satz: Matthias E. Gahr
Umschlaggestaltung: wunderlichundweigand
Umschlagmotiv: LivDeco / shutterstock.com
Druck und Bindung: Pustet, Regensburg
ISBN 978-3-7365-0429-5

www.vier-tuerme-verlag.de